에클레시아의 비밀

국립중앙도서관 출판예정도서목록(CIP)

에클레시아의 비밀 / 지은이: 해밀턴 스미스 ; 옮긴이: 이종
수. -- [서울] : 형제들의 집, 2018
   p. ;   cm

원표제: Perspectives on the true church
원저자명: Hamilton Smith
영어 원작을 한국어로 번역
ISBN 978-89-93141-97-9 03230 : ₩10000

설교집[說敎集]
기독교[基督敎]

235.2-KDC6
252-DDC23   CIP2018011022

에클레시아의 비밀

해밀턴 스미스 지음 | 이종수 옮김

형제들의 집

차 례

제 1장 예언을 통해서 선포된 교회...................... 6
제 2장 실제로 존재하게 된 교회.......................... 23
제 3장 하나님의 경륜 가운데 계획된 교회............ 39
제 4장 하나님의 섭리 속에 있는 교회................... 53
제 5장 바울이 사역했던 교회............................... 69
제 6장 하나님이 마음에 정하신 하나님의 집으로서의 교회..... 90
제 7장 사람의 손에 맡겨진 하나님의 집으로서의 교회......... 101
제 8장 그리스도의 몸으로서의 교회(1).................. 111
제 9장 그리스도의 몸으로서의 교회(2).................. 126
제 10장 폐허 시대의 교회..................................... 139

에클레시아의 비밀

Perspectives on the True Church

The Church Prophetically Announced

제 1장 예언을 통해서 선포된 교회
마태복음 16장 1-18절, 18장 15-20절

"그리스도께서 교회를 사랑하시고 그 교회를 위하여 자신을 주셨다"(엡 5:25)는 구절만큼 그리스도의 마음 속에 품고 있었던 교회의 참 가치를 우리에게 알려주는 구절은 없다. 그리스도께서는 교회를 얻고자, 지상 나라에 속한 권세와 그 영광과 그 나라와 및 그 나라의 보좌 정도만 포기하고 그친 것이 아니었다. 그리스도는 자신의 목숨까지 내놓으셨다. 만일 그리스도께서 교회를 사랑하신 사랑이 그처럼 큰 것이었다면, 우리는 정말 진지한 태도로 질문해보아야 한다. 과연 교회란 무엇인가? 누가 그 교회에 속하는 것인가? 어째서 교회는 그분의 눈에 그처럼 보배로운 것인가? 교회의 특권과 책임, 그리고 교회의 영광스러운 운명은 무엇인가?

더욱이 교회는 그리스도께서 지상에서 관심을 가지고 계신 것 가운데 최고의 관심사이며, 하나님의 현재적 경륜 가운데서 최고의 주제다. 오순절 성령의 강림과 장차 휴거가 일어나는 그리스도의 재림 사이에 놓인 현 시대 동안, 하나님은 세상을, 즉 유대인이건 이방인이건 직접적으로 통치하는 일을 하지 않으신다. 대신 하나님은 하늘에 속한 교회를 형성하는 일을 위해 세상에서 하나의 백성을 불러내는 일을 하신다.

그리스도와 교회라는 큰 비밀에 속한 진리에 대한 성경적인 이해가 없다면, 우리는 그리스도인의 교제의 진미를 맛볼 수 없을 뿐만 아니라 주님을 섬기는 교회 생활이나 또는 개인의 경건한 삶을 사는데 있어서도 큰 영적인 동력을 얻을 수 없다. 왜냐하면 에베소서를 살펴보면, 우리는 그리스도와 교회에 대한 하나님의 경륜 속에 기독교의 모든 것이 달려 있음을 볼 수 있기 때문이다.

처음부터 우리가 흔히 사용하는 "교회"란 단어가 성경에서는 어떻게 정의되어 있는지를 살펴보는 것이 좋을듯하다. 교회란 단어는 사실 많은 기독교적 용어들과 연관해서 사용되었기 때문에, 매우 모호한 단어가 되어 버렸다. 하지만 원어를 살펴보면, 결코 모호함이 없다. 원어를 보면, 교회(에클레시아)란 단어는 신약성경에서 150 차례 사용되었다. 3번 정도 정확하게 모임(assembly)으로 번역되었지만, 유감스럽게도 대부분 교회(church)로 번역되었다. 흠정역의 밑바탕이 되었던 틴데일 신약성경(Tyndale's translation of the New Testament)을 보면, 그리스 원어가 정확하게 "회중(congregation)"으로 번역되었지만, 1611년판 킹제임스 성경의 흠정역은 여러 가지 정치적인 이유로 "교회"란 단어를 고수했고, 또한 개정판도 유감스럽지만 그 단어를 유지했다. J. N. 다비의 새번역에서는 모임(assembly)이란 단어로 번역했는데, 논란의 여지없이 이 단어야말로 원어를 가장 단순하고 가장 적절하게 번역한 단어다.

성경본문은 누가 교회를 형성하는 것인지를 결정하고 있기에, 대부분 어려움은 없다. 신약성경에는 두 개의 예외적인 구절이 있긴 하지만, 이 단어 또한 예외 없이 하나님의 백성들의 모임을 가리킨다. 이러한 예외적인 구절은 사도행전에 있다. 즉 사도행전 7장 38절을 보면 "광야 교회"라는 단어가 나오는데, 여기 사용된 교회란 단어는 이스라엘을 가리킨다. 이 단어는 회중으로 번역되어야 했다. 그래서 광야 교회는 "광야에 있던 이스라엘 회중"을 가리키며, 신약성경의 교회와는 아무 연관이 없다. 다른 경우는 사도행전 19장에 있는데, 여기서도 "모임(assembly)"이란 단어가 세 번 사용되었다. "모인 무리"(32절), "민회"(39절), "그 모임"(41절)이다. 하지만 여기서 사용된 모임이란 말은 이방 사람들의 모임을 가리킬 뿐 하나님의 교회와는 아무 상관이 없다.

따라서 "교회(church)"란 단어를 사용하면, 그 단어는 항상 "하늘에 속한 백성들의 모임"을 가리키는 것으로 이해해야 한다. 그리고 우리가 하나님의 백성들의 모임이라고 말할 때, 그것은 신약시대의 "하나님의 교회"를 가리킨다.

이제 이러한 기초적인 지식을 갖추었다면, 이제 마태복음 16장으로 가보자. 마태복음 16장은 매우 중요하다. 왜냐하면 이 성경본문을 통해서, 우리는 교회에 대한 첫 번째 계시를 볼 수 있기 때문이다. 그리스도의 위격은 곧 없어질 유대교 시스템을 시험하는 일과 (왜냐하면 유대교는 그리스도를 거절했기 때문에, 하나님의 섭리 가운데서 제켜짐을 당하게 되었다) 그리스도께서 곧 세우실 그리스도의 교회에 대한 새로운 건축의 토대를 놓는 일과 함께 제시되었다.

커다란 위기가 주님의 길에 놓여 있었다. 메시아에 대한 가장 완벽한 증거가 이스라엘 백성들에게 제시되었다. 초자연적인 일들이 나타났고, 기적들이 일어났으며, 예언들이 이루어졌다. 그리스도의 말씀 선포와 차원높은 도덕적 행실을 통해서 최고의 도덕적인 자질들이 사람들 앞에 제시되었고, 아무 제한도 차별도 없이 모든 사람을 향해 사랑과 은혜와 동정이 베풀어졌다. 하지만 이 모든 일은 헛수고였다. 생생한 은혜의 역사가 있을 때마다 이스라엘의 지도자들의 불신, 비난, 적대감은 더욱 고조되었다. 마침내 근본적인 질문을 하기에 이르렀다. "사람들이 인자를 누구라 하느냐?" 그러자 제자들은 "더러는 세례 요한, 더러는 엘리야, 어떤 이는 예레미야나 선지자 중의 하나라 하나이다"(13,14절)라고 대답했다.

이 대답은 자체로 완전한 대답이긴 하지만, 그럼에도 사람들은 자신들을 그저 소망 없는 불확실성 가운데 내버려둘 뿐인 온갖 생각들과 추측들을 남발하고 있었음을 보여준다. 사람들이 그리스도에 대해 이런 저런 추측들을 남발하고 있었고 또 모든 것이 불확실한 상태임에도 그대로 남아 있는 쪽을 선택했고, 그런 대로 만족했다는 사실은, 그들은 한편으론 아무런 영적 필요도 느끼고 있지 않았고, 다른 한편으론 믿음도 없었다는 엄중한 증거였다. 영적 필요를 느끼고 있었다면, 그들은 분별력과 믿음을 행사했을 것이며, 확실한 것을 붙잡고자 애썼을 것이다. 어쨌든 그들의 다양한 추측에도 불구하고, 그들은 한 번도 진리에 접근해본 적이 없었다. 이것은 하나님 아들의 직접적인 임재와 그로 인한 매우 호의적인 분위기에도 불구하고, 그리스도의 영광을 인식하는 일에 있어서 사람의 전적인 무능성을 말해준다.

마태복음 16장의 초반부에서, 이러한 불신앙이 정점에 이른 것을 볼 수 있다. 서로 극심하게 대립했던 바리새인들과 사두개인들은 그리스도를 대적하는 일에서 하나가 되었다. 그 시대 의식주의자들(ritualists)과 이성주의자들(rationalists)은 하나님의 아들을 시험하는 일에 손을 잡았고, 하늘로부터 오는 표적을 내놓으라고 요구하는 등, 그분의 위격의 영광을 전혀 보지 못하는 완전한 소경 상태를 나타내었다(1절). 누군가 이런 말을 했다.

"하나님의 완전한 현현을 목격하면서도, 그런 것을 요구하는 것은 불신앙이다. 마치 한 낮에 태양보다 더 밝은 빛을 보면서, 하나님께 촛불을 달라고 간구하는 식이 아닐 수 없다."

표적을 구하는 것은 그리스도를 전적으로 거부하는 그들의 의지적인 뜻을 명백히 밝힌 것이었다. 그들은 그렇게 그리스도를 거절했고, 오랜 인내의 시간이 끝난 후 이제 그들은 그리스도에 의해서 거절을 당하고 있다. 그들은 악하고 음란한 세대였기에, 그런 그들에게 보여줄 표적은 요나의 표적 밖에 없었다. 즉 곧 다가오는 심판 외에는 없었다. 주님은 그들의 실체를 폭로하셨고, 그들의 운명을 선언하셨다. 그리곤 그들을 떠나 가셨다(4절). 이스라엘에겐 참으로 엄중한 순간이었다!

영광의 주님이 그곳에 계셨고, 하늘과 땅을 지으신 하나님께서 은혜와 진리가 충만한 상태로 그들 가운데 계셨다. 하지만 어둠 속에 있었던 그들은 그분을 알아보지 못했다.

주님은 납달리 지역에 사시다가 다시 오셔서 사랑과 은혜의 사역을 사역하셨다. 그래서 성경은 "흑암에 앉은 백성이 큰 빛을 보았고 사망의 땅과 그늘에 앉은 자들에게 빛이 비취었도다"(마 4:16)고 말하고 있다. 하지만 어둠은 빛을 깨닫지 못했다. 인간의 악함이 그분의 선하심을 몰아내었고, 인간의 미움이 그분의 사랑을 압도했다. 따라서 우리는 슬프고도 엄중한 말씀을 보게 되었다. "그들을 떠나 가시니라."(마 16:4) 주님은 그들을 어둠 가운데 내버려두실 수 밖에 없었고, 사망의 그늘 아래 두실 수 밖에 없으셨다.

과연 사람의 악함이 하나님의 은혜를 고갈시킬 수 있는가? 그럴 수 없다! 그와는 반대로 사람의 악함은 하나님 마음의 더 깊은 계획들과 은혜에 속한 보다 큰 목적들을 드러내는 계기를 만들어냈다. 이스라엘이 그리스도를 거절한 일은 교회를 계시하는 길을 열었다. 지금까지 하나님 안에 감추어 온, 큰 비밀이 처음으로 소개되는 순간이 왔다.

모든 사람을 시험하는 질문이기도 했던 주님의 말씀이 제자들의 마음을 울렸다. "너희는 나를 누구라 하느냐?"(15절) 그때 시몬 베드로는 즉시 "주는 그리스도시요 살아 계신 하나님의 아들이시니이다"라고 대답했다. 베드로의 이 대답은 사람들의 그저 추측어린

견해와는 얼마나 달랐던가! 베드로의 믿음은 실로 약했을지 모른다. 왜냐하면 주님은 막 "너희 믿음이 작은 자들아"(8절)라고 말씀하셨기 때문이다. 그럼에도 그것은 살아있는 믿음이었다. 그리스도의 위격의 영광을 알아보는 믿음이었으며, 적극적인 확신 가운데서 그분을 그리스도로 고백하는 믿음이었다.

이러한 고백 후에 즉시 교회에 대한 계시가 주어졌다. 주님은 지난 세대 동안 숨겨온 하나님의 영원한 경륜을 가리고 있던 커튼을 들어 올리셨다. 이 짧은 문장 속에는 지상 왕국의 통치권을 초월한 하나님의 아들로서 영광, 즉 그리스도의 위격의 영광이 잘 나타나 있다.

주님은 "바요나 시몬아 네가 복이 있도다 이를 네게 알게 한 이는 혈육이 아니요 하늘에 계신 내 아버지시니라 또 내가 네게 이르노니 너는 베드로라 내가 이 반석 위에 내 교회를 세우리니 음부의 권세가 이기지 못하리라"(17,18절)고 대답하셨다. 여기서 우리는 이중적인 계시를 볼 수 있다.

첫 번째 아버지에 의한 계시다. 우리가 살펴본 대로, 혈과 육은 메시아의 영광을 알아보지 못했다. 지상에 있는 사람은 하늘에 계신 아버지에게서 온 계시를 통해서만, 그리스도께서 살아계신 하나님의 아들임을 알아볼 수 있다. 여기서 하나님의 아들이란 이름은 생명 자체이신 분이란 뜻과 또한 생명을 주는 권능을 가지신 분이란 뜻을 내포하고 있었다. 살아계신 하나님의 아들이신 그리스도는 "그 무엇도 이길 수 없고 또한 그 어느 누구도 무너뜨릴 수 없는 하나님 안에 있는 생명의 능력을 상속하시는 상속자"이시다.

이어서 두 번째 계시가 주어졌다. 즉 아들에 의한 계시다. 왜냐하면 주님은 "내가 네게 이르노니"라고 말씀하셨기 때문이다. 아버지께서는 아들의 영광을 시몬 베드로에게 계시하셨고, 베드로의 고백에 근거해서 아들께서는 베드로에게 큰 비밀을 계시하시는데, 이전에 사람에게 알려진 적이 없는 것으로서, 이 반석 위에 주님은 "내 교회"라고 부르시는 전적으로 새로운 건축물을 세우실 것을 천명하셨던 것이다. 바로 여기서 우리는 교회의 터(foundation)를 볼 수 있다. 교회는 견고하고 신성한 터 위에 세워지는데, 바로 살아계신 하나님의 아들의 위격 위에(on the Person of the Son of the living God)세워지는 것이다.

여기엔 진실로 혈과 육은 알 수 없는 진리들이 있다. 하나님이 율법을 주실 때, 모세와 천사는 동등한 위치에 있었다. 하지만 교회에 대한 하나님의 계획을 계시하실 때에는, 아들의 영광이 드러나고, 무엇보다 최우선적으로 아버지와 아들에게서 오는 계시가 드러났다. 우리가 혈과 육의 영역에 있을 때에는, 결단코 그런 계시를 주실 수도 없고 또한 받을 수도 없다.

더욱이 교회의 목적을 볼 수 있다. 교회는 그리스도의 영광과 기쁨을 위해 존재하게 될 것이다. 우리는 처음부터 교회는 그리스도의 소유라는 진리를 배운다. 왜냐하면 주님은 "내 교회(My Assembly)"라고 말씀하셨기 때문이다. 최우선적인 진리는, 그리스도께서 교회를 위해 존재하는 것이 아니라, 교회가 그리스도를 위해 존재한다는 것이다. 아가서에 등장하는 신부는 처음엔 자신의 필요만을 우선적으로 생각하면서 "내 사랑하는 자는 내게 속하였고"(아 2:16)라고 외쳤지만, 마침내 신랑의 관점에서 모든 것을 보게 된 순간, 신부는 "나는 내 사랑하는 자에게 속하였도다 그가 나를 사모하는구나"(아 7:10)라고 고백하게 되었다.

여기서도 마찬가지로, 교회에 대한 최초의 위대한 계시가 주어지는 순간, 모든 것이 그리스도의 관점을 중심으로 제시되고 있다. 아버지께서는 그리스도의 영광으로 교회를 시작하셨고, 교회는 그리스도를 위하여, 즉 그분의 교회로 존재하는 것으로 계시되었다.

게다가 우리는 교회의 구조에 대한 것을 볼 수 있다. 교회는 산 돌들(living stones)로 지어진다. 베드로는 여러 산 돌들 가운데 하나다. 그 날, 안드레는 자기 형제 베드로를 찾아 그를 "데리고 예수께로" 왔을 때(요 1:42), 주님은 시몬에게 새로운 이름을 지어주셨다. "네가 요나의 아들 시몬이니 장차 게바(Cephas)라 하리라"고 하셨는데, 이를 번역하면 돌(a stone)이라는 뜻이었다. 살아계신 하나님의 아들로서 그리스도께서 바로 교회가 세워지게 될 반석이었고,

베드로는 그리스도에게서 생명을 받는 하나의 돌로서, 이 새로운 건축물에 함께 지어질 운명이었다.

우리는 교회의 건축에 대해서 좀 더 배울 필요가 있다. 교회를 계시하셨던 이때, 교회는 아직 미래의 일이었다. 그래서 주님은 미래형으로 "내가 세울 것이라(I will build)"고 말씀하셨다. 게다가 교회를 세우는 일은 전적으로 그리스도의 역사였고, 그렇다면 총체적으로 온전히 완성되는 것이 보장된 일이었다. 왜냐하면 주님께서 "내가 세우리니"라고 말씀하셨기 때문이다. 게다가 나무나, 풀이나, 짚은 그리스도의 교회를 건축하는 재료로 사용될 수 없다. 오로지 산 돌들만이 그리스도의 건축에 참여할 수 있다.

따라서 주님은 참으로 위대한 선언을 하셨다. 즉 그리스도의 교회에 대해 "하데스(음부)의 문들이 이기지 못하리라"(마 16:18)고 말씀하셨다. 이는 교회의 안정성(stability) 또는 견고함을 의미한다. 하데스의 문(the gates of hades)이란 사탄이 휘두르는 사망의 권세를 가리킨다. 죄로 말미암아 사람은 사망의 권세 아래 떨어졌고, 그 무서운 권세로 사람의 영광을 땅바닥에 깔아뭉개 버렸다. 하지만 사망의 권세를 대적할 사람이 전혀 없는 바로 그 세상에서 주님은 마침내 하데스의 문이 아무런 힘도 쓸 수 없는 자신의 교회를 세우실 것을 예고하셨다. 그리고 이 일은 곧 이루어질 참이었다. 왜냐하면 교회는 살아계신 하나님의 아들을 반석으로 하고 있기 때문이다. 이 세상에 있는 모든 것은 죽을 수밖에 없는 인간인 아담을 토대로 설립되었고, 게다가 죽을 수밖에 없는 인간의 아들들로 구성되어 있다.

이 세상에 있는 모든 것은 하나님 안에 있는 생명의 능력을 이길 수 있는 것은 아무 것도 없다. 그 생명이 하나님 안에 있는 것이건, 그리스도 안에 있는 것이건, 아니면 그리스도께서 생명을 주신 사람들 속에 있는 것이건, 생명을 이길 수 있는 것은 이 세상엔 없다. 그리스도의 교회는 죽을 수밖에 없는 사람들이 아니라, 살아있는 돌들로 구성되어 있다. 교회는 아무것도 파괴시킬 수 없는 생명을 상속하신 유일한 분이신 그리스도 위에 설립되었고, 이 생명을 소유한 돌들로 건축되고 있다. 그러므로 교회는 모든 사망의 권세 보다 우위에 있다.

살아계신 하나님의 아들께서 바로 교회의 영원한 터이시다. 따라서 아들의 영광을 제대로 보고 또 진심으로 고백할 때까지 교회의 참 진가를 알 수 없다. 우리가 그리스도의 영광을 이해하면 할수록, 우리는 교회가 가지고 있는 유일무이한 특성을 더욱 깨달을 수 있다.

마태복음 16장에서 우리는 교회에 대한 계시를 볼 수 있다. 즉 여기서 우리는 교회가 세워지는 터 또는 토대(foundation), 교회의 설립 목적, 교회를 이루는 구성원들의 자격, 교회를 건축하는 일을 하는 주체 그리고 이 새롭고 신성한 건축물의 영원한 안정성을 볼 수 있다.

여기엔 그리스도의 몸 또는 그리스도의 신부에 대한 말씀은 전혀 없다. 그리스도의 높아지심과 성령의 강림에 대한 것도 전혀 언급되고 있지 않다. 교회 설립의 가장 필수적인 진리들은 때가 되면 계시될 것이지만, 이 시점에서 가장 중요한 개념은 바로 "생명"이다. 살아계신 하나님 속에 있는 생명, 아들 안에 있는 생명, 그리고 교회를 형성하고 있는 사람들 속에 있는 (거듭남을 통해서 받게 된) 생명이다. 사망의 권세는 생명을 이길 수 없다.

때가 되면 베드로는 우리에게 그리스도의 교회에 대한 보다 진전되고 귀한 진리들을 소개해줄 것이다. 그는 우리에게 이 건축물이 어떻게 지어져 가는지, 즉 산 돌들이 보배로운 산돌이신 그리스도에게로 나아가 함께 세워짐으로써 최종적으로 신령한 집으로 건축될 것을 말해줄 것이다. 밧모 섬에 유배되었던 요한도 우리에게, 최종적으로 마지막 돌이 더해질 때 교회란 그 건축물이 새 예루살렘으로서, 영광 가운데 나타나게 되는 교회에 대한 환상을 전달해줄 것이다. 그리고 마침내 그리스도의 교회는 비록 땅에서 건축되었지만, 장차 하늘에서 그 모습을 나타낼 것이며, 영원 세계에서 영광스러운 교회로 나타나게 될 것이다.

마태복음에서 교회를 언급하고 있는 또 다른 본문이 있다. 마태복음 18장 15-20절을 보면, 거기서 우리는 교회에 대한 중요한 두 가지 진리를 볼 수 있다. 첫 번째, 주님은 우리에게 어떻게 악을 교회에서 제거해야 하는지를 보여주신다. 두 번째, 어떻게 교회에서 주님의 임재가 확보될 수 있는지를 보여주신다.

교회는 악한 세상을 통과하고 있으며, 이 세상을 통과하는 동안 교회를 구성하고 있는 사람들 속에는 육신이 여전히 남아 있다. 따라서 지상에는 범법행위가 있을 것이며, 심지어 형제가 형제에게 죄를 지을 수 있다. 하지만 주님은 우리에게 죄를 범한 사람을 어떻게 대해야 하는지 교훈하셨다. 만일 그가 교회의 말도 듣지 않는다면, 그의 죄는 자신을 묶게 될 것이고 또한 지상에 있는 주의 백성들의 무리에서 출교되는 일을 겪게 될 것이다. 만일 그가 회개한다면 그의 죄는 풀리게 될 것이며, 주의 백성들 가운데로 다시 영접될 것이다. 지상에서 이렇게 묶고 푸는 엄숙한 행동은, 만일 바르게 시행되기만 한다면 하늘에서 승인을 받는다. 고린도교회에 보낸 서신에서, 우리는 이 두 가지 행동에 대한 엄중한 사례를 볼 수 있다.

여러 가지 어려움이 닥쳐올 때, 우리에겐 그것을 해결할 지혜도 능력도 없다. 하지만 우리에겐 이 모든 것을 해결할 수 있는 능력을 공급해주는 원천이 있다. 즉 우리는 기도를 통해서 아버지에게로 나아갈 수 있다. 그래서 주님은 우리에게 "너희 중의 두 사람이 땅에서 합심하여 무엇이든지 구하면 하늘에 계신 내 아버지께서 그들을 위하여 이루게 하시리라"(19절)고 확증하셨다. 여기서 우리는 언뜻 보기에, 매우 놀랄만한 두 가지 선언을 볼 수 있으며, 게다가 우리는 어떻게 이런 일들이 가능한지 궁금증을 가질 수 있다. 지상에서 행하는 일이 어떻게 하늘에서 승인을 받을 수 있으며, 지상에서 요청하는 일이 어떻게 하늘로부터 응답될 수 있는 것인가? 무엇이 이런 일을 가능하게 하는 것인가? 오직 한 가지, 즉 자기 백성들이 그분의 이름으로 모인 사람들 가운데 임하신 그분의 임재 때문에 가능한 것이다. 이에 주님은 "두세 사람이 내 이름으로 모인 곳에는 나도 그들 중에 있느니라"(20절)고 말씀하셨다. 주님은 그들의 행동을 확증해주시고자 임재하신다. 그분은 그들의 기도를 인도해주시고 또한 그들의 기도에 응답하고자 임재하신다.

어쨌든 그분의 임재는 두 세 사람이 그분의 이름으로 모인다는 조건 하에서만 약속되었다. 이러한 말씀들이 의미하는 바가 무엇일까? 첫 번째, 약속은 "둘 또는 세 사람"에게 주어졌다. 물론 그 말씀은 교회 역사의 가장 밝은 시기에 적용되었고, 어느 특정 장소에서 주의 이름으로 모일 수 있는 숫자가 더 이상 줄어들 수 없는 가장 작은 단위로 줄어들었을 때, 그처럼 가장 연약했던 시기에도 교회는 가장 큰 복을 누릴 수 있었다.

그렇다면 두 세 사람이 그저 함께 하는 것이 아니라, 함께 "모이는" 것이 중요하다. 이는 모이게 하는 능력(a power)을 내포하고 있다. 그들을 함께 모이게 하는 무언가가 있다. 그것이 무엇일까? 그것은 그리스도의 이름이 의미하고 있는 바에 대한 진정한 이해다. 왜냐하면 우리는 "그분의 이름으로(in His name)" 모이는 것이 아니라, "그분의 이름 앞으로(unto His name)" 모이는 것이기 때문이다. 그분의 이름으로 모인다는 것은 단지 그분의 권위에 의해서 모인다는 의미만을 전달한다. 그분의 이름은 그분이 누구신가에 대한 모든 것을 표현하며, 우리를 함께 모으는 그분의 위격의 영광을 함께 인식하고 있음과 함께 모이는 사람들의 그분에 대한 상호 이해를 전제로 한다. 우리가 그분 안에서 발견한 것 때문에 우리는 함께 모인다. 그분 자신이 서로를 묶는 강력한 끈이며, 하나로 결집시키는 힘이다. 나이, 사회적 지위, 교육수준, 영적 성장과 성숙의 차이와 영적인 은사 또는 지적 수준 등 차이가 있을 수 있지만, 이런 것들 가운데 어느 것도 교회를 모이게 하는 요인이 될 수 없다. 교회는 젊은 사람들의 모임, 또는 나이 많은 성도들의 모임, 또는 같은 마인드를 가진 사람들의 모임이 아니다. 교회는 오로지 그리스도 안에서 발견한 것 때문에 그분의 이름 앞으로 함께 모이는 사람들의 모임이다. 교회는 다른 그 무엇을 중심으로 모일 수 없으며, 다른 것들은 다 거부되어야 한다. 그럴 때, 비록 두 세 사람이 모일지라도, 주님이 약속하신 대로, 주님이 그 가운데 임재하실 것이다.

  우리는 그리스도 앞에 모이는 것이 아니라, 그리스도의 이름 앞에 모인다. 성경본문은 그리스도 자신과 그리스도의 이름을 명백하게 구분하고 있다. 그리스도의 이름 앞으로 모이는 것은 그분의 부재(不在)를 가능한 일로 만들긴 하지만, 그럼에도 여전히 그분의 임재를 보증한다. 그렇게 모일 때, 그분은 육체적으로가 아니라 영적으로 함께 하신다. 공생애 당시 그리스도께서는 자신을 하늘에 있는 인자로 말씀하셨다. 즉 육체로는 지상에 있지만 영으로는 하늘에 거하셨던 것이다. 이제 그리스도는 하늘에 계시는 인자이시지만, 영으로는 지상에서 자기 백성들이 자신의 이름으로 모일 때 그들 가운데 계신다. 그리스도는 징계를 인준하시고 또 자기 백성들의 기도에 응답하시고자 교회 안에 (영적으로) 임재하신다.

The Church in Actual Existence

제 2장 실제로 존재하게 된 교회
사도행전 1-9장

하나님의 말씀 속에 계시된 교회에 대한 하나님의 생각을 추적해 보면, 우리는 사도행전의 앞부분을 차지하고 있는 몇 개의 장에서 마태복음 16장 보다 발전된 단계를 볼 수 있다. 마태복음 16장에서는 교회가 예언적으로 선언되었다. 하지만 사도행전에는 실제로 교회가 형성되었고, 이제 존재하게 되었다. 그럼에도 교회는 아직 성령께서 가르치시는 주제가 아니다. 아직 그 때가 되지 않았다. 그리스도와 교회의 비밀을 드러내는 일을 할 사람이 아직 부르심을 받지 않았으며, 그 일을 하도록 선택받은 그릇이 아직 준비되지 않았다.

그리스도의 죽음은, 구약시대 성도를 위한 것이건, 교회를 이루는 사람들을 위한 것이건, 아니면 장래 회복된 이스라엘을 위한 것이건, 사람에게 임하는 모든 복의 토대다. 하지만 교회 형성은 두 가지 의미심장한 사건을 전제로 하고 있다. 부활하신 그리스도께서 사람으로서 영광에 들어가고자 승천하셔야만 했으며, 성령께서 지상에 강림하셔야만 했다.

사람이신 그리스도께서 영광에 들어가신 일과 성령께서 지상에 거하시게 된 일이야말로 기독교 시대를 시작하는 두 가지 중요한 역사적 사실이다. 이 두 가지는 이전 시대에는 존재하지 않았으며, (현재 시대가 끝나고 나서) 다가오는 시대에도 존재하지 않게 된다. 이 두 가지가 현재 시대의 특징을 이룬다.

사도행전 1장에서, 우리는 최초로 위대한 사건의 성취를 볼 수 있다. 제자들은 부활하신 주님에게서 마지막 지시를 받았고, "그들이 보는데 올려져 가시니 구름이 그를 가리어 보이지 않게" 되었다(9절). 사람으로서 그리스도는 영광 속으로 들어가셨다. 우리가 이렇게 말할지라도, 그리스도는 본질상 제2위격을 가지고 계신, "만물 위에 계셔서 세세에 찬양을 받으실 하나님"(롬 9:5)이심을 잊어선 안된다. 그럼에도 사람으로서 그리스도는 하늘로 승천하셨고, (순교자 스데반이 본 것처럼) 인자로서 그리스도는 하나님 우편에 계신다.

사도행전 2장에서 우리는 두 번째 위대한 사건의 성취를 볼 수 있다. 즉 요한복음 7장 39절에 있는 말씀 그대로, 성령께서 지상에 있는 신자들 속에 거하는 사건이 일어났는데, 이처럼 성령의 강림은 그리스도께서 영광을 받으신 일과 연결되어 있었다. 제자들은 주님이 말씀하신 대로, 성령 세례를 받기 위해 "다 같이 한 곳에" 모여 있었다(1절). 그들이 기다리고 있는 곳에, 성령께서 "하늘로부터" 내려 오셨고, 그들이 앉은 온 집에 가득했다(2절). 그 뿐 아니라, 각 사람은 성령으로 충만하게 되었다. 하나의 영에 의해서 그들은 "세례를 받아 한 몸이 되었다."(고전 12:13) 이로써 여기에 "하나의 몸"이 실제적으로 존재하게 된 것이다. 이 몸은 머리는 하늘에 있는 그리스도요, 지체들은 땅에 있는 신자들로 되어 있다. 이 사실은 아직까지 계시되지 않았고, 또 그럴 수도 없었다. 왜냐하면 이 몸은 유대인 신자들과 이방인 신자들로 구성되는 것이기에, 실제로 이방인 신자들이 성령에 의해서 몸 안으로 들어오는 세례를 받기 전까지 이 진리는 계시될 수 없었기 때문이다. (사도행전 10장과 11장 16절을 보라.)

성령 세례가 이루어진 이후에, 허다한 유대인들과 이방인 개종자들이 죄를 깨닫고, 그리스도를 믿었으며, 세례(침례)를 받고, 죄들

(sins)의 사함과 성령을 선물로 받았다. 더욱이 우리는 "이 날에 신도의 수가 삼천이나 더하더라"(41절)는 말씀을 볼 수 있다. 그리고 나서 마지막 구절은 우리에게 누가 구원받는 사람을 더하는 일을 했으며, 또 어디에 더하는 일을 했는지를 말해준다. 즉 구원받는 사람을 더하는 일을 한 주체는 바로 "주님"이셨고, 또 주님은 그들을 "교회에" 더하는 일을 하셨던 것이다. "주께서 구원 받는 사람을 날마다 교회에 더하게 하시니라."(47절, KJV 직역)

마태복음 16장에서 처음으로 주님이 예언적으로 "내 교회를 세우리라"고 말씀하신 대로, 여기서 우리는 주님이 자신의 교회를 세우는 일을 하고 계시는 것을 볼 수 있다. 사도행전 2장 47절의 끝부분, 즉 "구원 받는 사람"이란 말씀을 보면, 이 구절은 그들이 불신자 상태라거나 또는 구원받지 않은 상태에서 앞으로 구원받고자 더해진 사람이란 의미를 전혀 볼 수 없다. 그리스도를 거절했던 이스라엘 민족은 심판을 향해 나아가고 있었지만, 주님은 믿는 사람들과 그 심판에서 구원받고자 세례를 받은 사람들을 교회에 더하는 일을 하셨다. 그들이 교회에 더해지기 전에, 사실 그들은 이미 주님께 더해진 사람들이었다. 이 사실은 아무리 강조해도 지나치지 않는다. 왜냐하면 매우 중요하기 때문이다. 가톨릭교나 가톨릭교를 따르는 사람들은 교회를 구원받은 사람들의 모임으로 보지 않으며, 게다가 (가톨릭) 교회에 속하기만 하면 구원을 받는다고 신봉하는 사람들이다. 하지만 사도행전의 2장을 보면, 처음 부분은 오로지 신자들만이 성령 세례에 의해서 교회를 형성하게 된 일을 보여주고 있고, 마지막 부분은 오로지 신자들만이 주님에 의해서 교회에 더해진 사실을 보여준다.

여기 사도행전은 교회가 실제로 존재하게 된 역사를 보여준다. "믿는 사람이 다 함께 있어."(44절) 따라서 우리는 가야바가 그리스도에 대해 했던 말이 그대로 성취된 것을 볼 수 있다. "흩어진 하나님의 자녀를 모아 하나가 되게 하기 위하여 죽으실 것을 미리 말함이러라."(요 11:52) 그렇다면 우리는 이렇게 말할 수 있다.

"이 순간이 오기 전 하나님의 자녀들은 이미 존재했지만 그들은 흩어진 상태로 있었고, 그들은 따로 고립된 상태로 있었다. 그리스도는 자신의 죽음을 통해서 그들을 단지 구원하는 정도가 아니라, 그들을 하나로 모으고자 하셨다. 그들은 장차 하늘에서 하나가 될 것이지만, (하나가 되는 것은 하나님의 자녀가 되는 순간부터 이미 이루어진 일이긴 하지만) 그럼에도 바로 여기 이 땅에서 그들을 하나로 모으고자 하셨다."

이 일은 이 땅에서는 전적으로 새로운 것이었다. 하나님의 자녀들이 지상에 존재하는 일은 물론 새로운 일이 아니다. 하나님의 자녀들이 이 땅에서 하늘 가는 순례의 길을 가는 것도 새로운 일이 아니다. 그런 일은 에녹의 시대에도, 욥의 시대에도 있었고, 희미하긴 했지만 구약시대 전체가 그러했다. 하지만 하나님의 자녀들이 하나로 모이는 일은 전적으로 새로운 일이었다. 이 점은 오늘날 대부분의 그리스도인들조차도 여전히 더디게 이해하는 일 가운데 하나이기도 하다. 우리는 마치 십자가 이전시대에 사는 사람들처럼, 우리 자신을 그저 외톨이 성도처럼 생각하는 경향이 있다. 구원받은 자로서, 우리는 우리가 신앙생활을 할 교회를 선택하는 일을 우리에게 맡겨진 일로, 그래서 우리 자신의 최고의 능력을 발휘해서 해야 하는 일쯤으로 생각한다. 하지만 이렇게 생각하는 것은, 우리가 주님을 처음 믿는 그 순간부터 주님은 이미 우리를 교회에 더하셨다는 사실을 보지 못하기 때문에 일어나는 현상일 뿐이다. 만일 우리가 엄연한 이 사실을 볼 수 있다면, 홀로 지내거나 아니면 어느 교회에 가입한다는 생각을 하지 않게 될 것이다. 어느 "하나의" 교회(a church)에 가입한다는 생각은 "성경이 말하는" 교회(the Church)를 무시하는 행위일 뿐이다.

더욱이 성도는 하나로 모여야 할 뿐만 아니라, 함께 모여야 한다. 하나님은 성도들이 가시적인 연합체로서 지속적으로 함께 하는데 필요한 모든 것을 준비하셨다.

첫 번째, 우리에겐 사도들의 가르침이 있다. 이로써 성도들은 하나님의 모든 진리 가운데로 인도를 받을 수 있으며, 성도들이 지상에서 걷는 모든 길에 하나님께서 필요하다고 마음에 정하신 모든 교훈을 받을 수 있다. 이러한 가르침은, 처음엔 말로 전수되었지만, 모든 시대 성도들을 위해 나중엔 거룩한 서신서에 글로 남겨졌다.

두 번째, 사도들의 가르침을 받음으로써 우리는 사도들과 사귐을 가질 수 있다. 이러한 사귐은 모든 그리스도인들이 참여하도록 부르심을 받았다. 게다가 이러한 사귐은 하나님의 아들, 예수 그리스도 우리 주님과 나누는 사귐이다. 하나님의 아들이 바로 이 사귐의 중심이자, 우리가 바라보아야 하는 대상이다.

세 번째, 사도들과의 사귐은 떡을 떼는 일로 이끌어준다. 떡을 떼는 일은 이러한 사귐을 정식화한 예식이며 또한 사귐을 나누는 일을 최고로 표현하는 최상의 표현이다. 만찬은 그리스도의 죽음을 기억나게 해준다. 사실 하나님의 자녀는 그리스도의 죽음을 통해서 세상으로부터 전적으로 분리되었으며 또한 하나로 함께 모이게 되었다.

마지막으로, 기도가 있다. 성도로서 우리는 기도를 통해서, 하나님의 은혜가 우리에게 여전히 유효하다는 사실을 실감할 수 있고, 지속적으로 긍휼하심을 받고 때를 따라 돕는 은혜를 얻기 위하여 은혜의 보좌 앞으로 담대하게 나아감으로써 하나님을 의지하는 태도를 유지할 수 있다.

안타까운 일이지만 하나님의 예비하심은 거의 무시되고 있으며, 그 결과 하나님의 백성들은 분열되고 흩어진 상태에 있다. 기독교계는 각자 자신이 만든 전통을 중시함으로써 사도들의 가르침을 전적으로 제쳐놓았으며, 하나님의 아들 중심이 아니라, 은사 있는 사람 또는 특정 견해를 중심으로 교제권을 형성하고 있으며, 떡을 떼는 모임을 주님을 기억하는 만찬이 아니라 은혜를 수여하는 성례전으로 바꾸었다. 그리고 생생한 기도를 형식적인 기도문을 읽는 일로 바꾸었다. 하지만 사도행전의 초기 시대에, 신자들은 "(지속적으로) 사도의 가르침을 받아 서로 교제하며 떡을 떼며 기도하기를 전혀" 힘썼다(42절). 그들은 할 수 있는 한, 가시적인 하나됨을 유지하면서 계속해서 함께 모였다.

사도행전 2장에서 우리는 주님이 어떻게 반석 위에 산 돌들을 가지고 교회를 세우시는지를 보았다. 이 모든 일은 지상에서 일어나는 일이다. 여기엔 아직 교회의 하늘의 특징 또는 하나님의 경륜 가운데 계획된 영광스러운 교회의 운명을 암시하는 힌트는 없다. 뿐만 아니라 하늘에 있는 머리와 지상에 있는 몸의 연합에 대한 말씀도 없다. "연합의 진리(union)"는 때가 찰 때까지 아직 소개된 일이 없는 비밀이었다. 하지만 사도행전의 전반부에 소개된 진리가 있었는데, 그것은 바로 "하나됨의 진리(unity)"였다. 이 하나됨은 물질적인 하나됨이 아니라, 마음의 기쁨과 순전함으로 일치를 이루는 도덕적인 하나됨이었다. 교회의 하늘에 속한 특징과 부르심이 계시되려면, 그 이전에 먼저 이루어져야 할 사건이 하나 남아있었다. 이스라엘이 저지르는 범죄의 잔이 끝까지 가득 찰 필요가 있었다. 이미 이스라엘 민족은 자신의 메시아를 거절했고, 십자가에 못 박아 버렸다. 하지만 이제 성령님이 오셨고, 그 범죄한 민족에게 마지막 기회를 주고자 하셨다. 메시아를 이미 거절한 그들은 과연 성령을 거슬러 대적할 것인가?

사도행전 1장에 기록된 대로 주님이 승천하셨을 때, 제자들은 주님이 올라가신 하늘을 계속해서 쳐다보고 있었다(10절). 그러자 즉시 두 천사가 그들 곁에 서서 "갈릴리 사람들아 어찌하여 서서 하늘을 쳐다보느냐 너희 가운데서 하늘로 올리우신 이 예수는 하늘로 가심을 본 그대로 오시리라"(11절)고 말했다. 천사들은 그리스도께서 가신 하늘을 바라보는 그들의 시선을, 장차 오실 이 땅으로 돌렸다. 우선적으로 우리는 이런 궁금증을 가지게 된다. 그리스도께서 들어가신 하늘을 바라보는 것이 과연 옳은 일인가? 물론 때가 되면, 그렇게 하는 것이 옳다. 하지만 그 순간은 아직 오지 않았다. 베드로가 이스라엘 민족을 향해 설교한 내용을 보면, 우리는 어째서 제자들의 생각이 지상에 고정되어 있었는지를 이해할 수 있다. 왜냐하면 베드로는 범죄한 그 민족을 향해 "그러므로 너희가 회개하고 회심함으로써 너희 죄들을 없이함을 받으라 그리하면 세상이 새롭게 되는 날이 주의 임재로부터 임할 것이요 또 주께서 너희 앞에 전파되고 있는 그리스도 곧 예수를 보내시리라."(행 3:19,20; KJV 직역) 이것은 범죄한 이스라엘 민족에게 은혜 가운데 베푸는 마지막 메시지였으며, 승천하신 그리스도께로부터 보내심을 받은 성령에 의해서 선포되는 복음이었다. 만일 그들이 회개한다면, 예수께서 다시 지상으로 돌아오실 참이었다. 결론적으로 말하자면, 그들은 이 성령의 메시지를 거절했다. 그들은 자신의 메시아를 배반한 자들이었으며, 살인한 자들이었다. 그들은 (몸이 없는) 성령을 죽일 수 없었기 때문에, 성령으로 충만한 사람을 죽이고자 했다. 바로 성령의 메시지를 전하는 증인이었던 스데반을 돌로 쳐 죽였다.

최종적인 은혜의 제안을 이스라엘 민족이 거절함으로써, 세대의 전반적인 변화가 일어났다. 이후로는 이스라엘에 대한 하나님의 경륜은 끝나게 되었고, 하나님의 섭리의 중심은 땅에서 하늘로 옮겨지게 되었다. 이러한 변화와 조화를 이루듯, 성령으로 충만했던 스데반은 하늘을 우러러 보았고, 거기에 어찌하여 하늘을 쳐다보느냐며 묻는 천사는 없었다(행 7:55, 1:10,11). 하나님의 백성들은 이제 땅을 바라보는데서 돌이켜 하늘을 바라보아야 하는 시대를 맞이하게 되었다. 스데반은 하늘을 우러러 보았을 뿐만 아니라, 그의 행복한 영혼은 하늘로 영접을 받았다. 장차 이어질 순교자의 긴 반열 가운데 첫 번째 주자가 하늘에 입성하게 된 것이다. 이제 하나님의 백성들은 더 이상 그리스도를 거절한 땅에 속하지 않게 되었고, 그리스도께서 들어가신 하늘에 속하게 되었다. 이제 하늘이 성도들의 본향이다. 따라서 그리스도는 그곳에서 성도들을 영접하신다. 세상이 그리스도를 영접하지 않는다면, 그렇다면 세상은 하나님의 백성들을 위한 곳이 아닌 것이다. 하늘이 그리스도를 영접했다면, 그렇다면 새로운 장소가 하나님의 백성들을 위해 마련된 것이다. 그리스도는 바로 그 새로운 장소로 그들을 영접하는 일을 하신다.

사도행전 7장은 하나님의 섭리에 있어서 엄청난 반전이 일어난 곳이다. 그 순간부터 스데반의 증거는 거절을 당했고, 세대의 전혀 새로운 특징이 표면화되었다. 사도행전 7장의 마지막 장면을 보면, 모든 사람과 모든 것이 기독교 시대의 특징을 따라서 나타나고 있는 것을 볼 수 있다. 범죄한 이스라엘 민족은 그리스도를 전적으로 거부했고, 성령을 상습적으로 거슬러 대적하는 모습으로 나타나 있다. 세상은 그리스도를 거절하고 또 그의 성도들을 박해하는 모습으로 나타나 있다. 하늘은 영광 중에 계신 그리스도를 밝히 보여주고 또 성도들을 영접하고자 활짝 열려 있는 모습으로 나타나 있다. 그리스도는 영광 중에 계신 사람으로서, 지상에서 시련을 당하는 성도들을 격려하고, 그리고 그들이 잠자게 되었을 때 하늘로 영접하는 일을 하시는 분으로 나타나 있다. 성령님은 지상에 거하시는 거룩한 위격을 가진 분으로서, 지상에 있는 사람을 충만하게 하시며 또한 하늘에 계시는 그리스도를 지속적으로 우러러 보도록 인도하는 일을 하시는 분으로 나타나 있다. 그리고 마지막으로 성령으로 충만한 성도는 지상에 있는 사람으로서, 자신의 모든 자원을 영광 중에 계신 사람(그리스도)에게서 끌어오며 또한 그렇게 함으로써 그리스도와 같은 형상으로 화하여 영광으로 영광에 이르는 존재로 나타나 있다. 이처럼 자기 주인님과 같은 모습으로 변화됨으로써, 그는 자신을 죽이려는 사람들을 위해 기도하고 또 자기 영을 주님께 맡길 수 있었다. 그런즉 지상에 있는 한 사람(성도)은 영광 중에 계신 사람(그리스도)에 의해서 지지를 받으며, 영광 중에 계신 사람은 지상에 있는 사람을 통해서 나타난다. 선한 싸움을 다 싸우고 자신이 달려갈 길을 다 마친, 스데반의 행복한 영혼은 그리스도와 함께 하고자 떠나갔으며, 그의 상한 육체는 영광스러운 부활을 기다리며 영면(永眠)에 들어갔다.

 스데반을 돌로 쳐서 죽인 이래로, 세상은 자신의 본질에 충실하여 왔다. 세상은 그때 그리스도를 거절했다. 세상은 그때 성도를 박해했다. 세상은 방법과 정도를 달리 하긴 했지만, 그럼에도 본질에는 변함이 없었다. 세상은 종교적인 모습을 띠기도 했다. 그때도 그랬고, 지금도 마찬가지다. 종교는 본질상 변하지 않는다. 사실상 세상이 종교를 표방하면 할수록, 세상은 성도를 미워하는 일을 더욱 가혹하게 했으며, 박해하는 일을 더욱 가차 없이 가했다. 역사는 그리스도와 그분의 백성들을 적대하는 일이 변함없이 진행되어 왔음을 증거한다. 마찬가지로 하늘 또한 하나님의 백성들에 대한 태도에 변함이 없었다. 하늘은 그때 열려 있었다. 하늘은 지금도 열려 있다. 그 열린 문을 통해서, 우리는 여전히 그곳에 예수께서 영광 중에 계신 것과 자신의 성도들을 향한 그리스도의 사랑이 흘러넘치는 것을 볼 수 있다. 그곳에서 그리스도와 함께 하는 것은 여전히 변함이 없다. 우리는 하늘을 우러러 보며, "오직 주는 영존하시며"(히 1:11), "주는 여전하여 (동일하시나이다)"(히 1:12)라고 말할 수 있다. 영광 중에 계신 사람의 모든 은혜와 능력과 지혜는, 스데반이 그 순교의 순간에 그처럼 큰 행복을 맛보며 꿋꿋할 수 있었던 것처럼, 여전히 자기 백성들을 지원하는 일에 작용하고 있다. 성령님이 함께 하시는 일에도, 아무런 변함이 없다. 영광 중에 계신 그리스도의 보내심을 받아 오신 성령님은 우리를 영광 중에 계신 그리스도에게로 인도하는 일을 하신다. 이 일은 지금도 성령께서 하시는 일이다. 그런데 신자들이 변했다! 우리 가운데 참 성도의 특징을 가진 사람들이 과연 얼마나 될까! 우리는 너무도 많이 성령을 근심시켜드리고 있다. 하늘을 우러러 보는 대신, 우리는 땅만 바라보고 있다. 우리는 세속적이진 않을지 모르지만, 너무도 세상 사람들처럼 변해버렸다. 결과적으로 주님의 지원은 너무도 적고, 성령의 능력은 거의 나타나고 있지 않다. 그 결과 우리는 영광 중에 계신 사람을 대표하는 일을 하기는커녕, 오히려 욕을 끼치고 있는 실정이다.

이 모든 실패에도 불구하고, 사도행전 7장은 매우 아름다운 그림으로 남아 있어서, 현재 세대의 참 성격을 우리 마음에 늘 상시시켜 주는 작용을 한다. 그 이상의 것이 있다. 즉 사도행전 7장은 바울의 사역을 위한 길을 열고 있는데, 바울은 부활하신 머리로서 그리스도, 하늘에 계신 그 그리스도와 한 몸을 이룬 교회에 대한 비밀을 여는 계시자로서의 사역을 맡은 사도였다.

스데반의 역사를 통해서, 우리는 부활하신 그리스도의 제자들은 하늘에 속해 있다는 사실을 확실히 배울 수 있다. 하지만 사도행전 9장에 있는 바울의 회심의 역사를 통해서 우리는 성도들은 하늘에 속해 있을 뿐만 아니라, 지상에 있는 성도들은 하늘에 있는 그리스도와 하나됨을 이루고 있다(united to Christ in Heaven)는 사실을 배운다. 이제 사울이 주님을 만나는 장면을 보자.

"사울이 주의 제자들에 대하여 여전히 위협과 살기가 등등하여 대제사장에게 가서 다메섹 여러 회당에 가져갈 공문을 청하니 이는 만일 그 도를 따르는 사람을 만나면 남녀를 막론하고 결박하여 예루살렘으로 잡아오려 함이라 사울이 길을 가다가 다메섹에 가까이 이르더니 홀연히 하늘로부터 빛이 그를 둘러 비추는지라 땅에 엎드려져 들으매 소리가 있어 이르시되 사울아 사울아 네가 어찌하여 나를 박해하느냐 하시거늘 대답하되 주여 누구시니이까 이르시되

나는 네가 박해하는 예수라."(행 9:1-5)

　여기서 사울은 분명히 하늘로부터 "사울아 사울아 네가 어찌하여 나를 박해하느냐?"는 음성을 들었다. 즉 "나의 성도들을" 또는 "우리를" 박해하느냐는 것이 아니라, "나를(ME)" 박해하느냐는 것이었다. "나의 성도들"이란 말은 그리스도에게 속한 백성들의 무리(a company of people that belong to Christ)를 가리킨다. 이것은 맞는 말이긴 하지만, 진리를 모두 설명해주진 못한다. "우리"란 말은 그리스도와 연합을 이룬 사람들(a company of people associated with Christ)을 가리킨다. 이것도 맞는 말이긴 하지만, 진리를 온전히 설명해주진 못한다. "나를"이란 말은 그리스도와 온전히 하나됨을 이룬 사람들(a company of people in union with Christ)을 가리키며, 그처럼 내적으로 일치를 이루고 있기 때문에 그들을 건드리는 것은 그리스도를 건드리는 것과 같다.

　스데반의 순교와 이어지는 박해는 성도들을 박해하는 박해자로서 세상의 실상을 보여준다. 하지만 사울의 회심을 통해서, 우리는 성도들을 박해하는 일을 하는 세상은 여전히 그리스도를 박해하는 일을 하고 있다는 더욱 발전된 진리를 배운다. 교회는 하늘에 계신 그리스도와 하나이기에, 사울은 그리스도의 지체들을 박해했던 것이다. 누군가 이런 말을 했다.

　"이는 우리가 그리스도와 하나라는 사실을 가장 강력하

게 표현하는 것이다. 이로써 그리스도는 그 몸의 지극히 연약한 지체조차 자신의 일부로 여기신다."

사도행전 2장과 4장을 보면, 성도들은 "한 마음"과 "한 뜻"이 되어 함께 모임으로써 하나됨을 아름답게 표현했다. 하지만 여기 사도행전 9장에선 성도들이 그리스도와 친밀한 연합을 이루고 있으며, 그리스도는 높임을 받으신 머리이시며 또한 성도들은 지상에 있는 그리스도의 몸의 지체라는 더 깊은 진리가 드러나 있다.

메시아를 십자가에 못 박았고, 영광 중에 계신 그리스도를 거절했으며, 지상에 강림하신 성령을 거슬러 대적했던 이스라엘은 이제 전적으로 제쳐짐을 당했으며, 그 어간에 지상에서 형성되지만 장차 영광으로 들어갈 운명을 가진 교회가 이 세상에서 하나님을 위한 증인이 되었다. 그리고 바로 바울이 그리스도와 교회에 관한 위대한 진리들을 성령의 가르침을 통해서 자신의 서신서들에 기록하고 또 소개하는 그릇으로 택함을 받았다.

> The Church in the Counsels of God

제 3장 하나님의 경륜 가운데 계획된 교회
에베소서 1장, 2장 1-10절

　　마태복음 16장에서, 우리는 주님이 친히 교회에 대해 선포하신 예언적 선언을 볼 수 있다. 사도행전에서 우리는 사도들의 사역을 통해서 교회가 실제적으로 형성된 역사적 사건을 볼 수 있다. 그리고 서신서에서 우리는 교회에 대한 성령의 가르침을 볼 수 있다. 에베소교회에 보낸 서신은 교회에 대한 가장 완전한 형태의 가르침을 담고 있다.

　　에베소서 1장은 그리스도와 교회에 대한 하나님의 계획을 소개한다. 하나님의 영원한 목적 가운데서 우리가 받은 모든 복의 근원이 무엇인지를 볼 수 있도록, 우리는 세상의 기초가 놓이기 이전으로 초대를 받는다. 우리는 때가 찬 은혜의 세대로 옮겨짐으로써, 거기서 하나님의 모든 계획이 성취되었을 때 우리가 받게 될 영광의 기업이 무엇인지를 보고 있다. 에베소서 2장 1-10절을 보면, 우리를 위한 하나님의 계획의 관점에서 볼 때, 우리는 우리 안에서 진행되고 있는 하나님의 역사, 즉 하나님이 죽은 영혼들을 다시 살리시며, 그들을 그리스도와 함께 일으키시고, 천상세계에서(in heavenlies) 그리스도 안에서 함께 하늘에 앉게 하시는 역사를 볼 수 있다.

에베소서 2장 11-22절을 보면, 우리는 영원한 세계에서 우리를 위해 이루실 하나님의 계획을 실현하고자, 현 시대에서 우리에게 이루어 가시는 하나님의 섭리를 볼 수 있다. 여기엔 하나님이 우리를 위해 목적하신 것과 하나님이 우리 속에서 일하시는 것, 그리고 하나님이 우리와 함께 일하시는 것이 있다. 하나님은 우리가 그리스도와 함께 살리심을 받을 수 있도록 우리 속에서 일하신다. 하나님은 우리가 하나의 몸으로 모이고, 주 안에서 서로 연결하여 거룩한 성전이 되어가고 또 성령으로 말미암아 하나님의 거하실 처소가 되기 위하여 함께 지어져 가도록 우리와 함께 일하신다.

어쨌든 우리는 에베소서가 하나님의 목적을 계시하는 것으로 시작할 수밖에 없는 이유를 쉽게 이해할 수 있다. 왜냐하면 만일 우리가 영원에 대한 하나님의 목적을 알고 있지 않다면, 우리는 시간 속에서 진행되어 가는 하나님의 섭리를 이해할 수 없을 것이기 때문이다. 우리 자신이 부모가 되어 보지 않는다면, 그래서 자녀에 대한 최종적인 목적을 가지고 양육하는 법을 배우기 전까지는, 부모가 매순간 자기 자녀를 훈련하고 양육하는 방식을 이해할 수 없는 것과 같다.

우리 생각이 에베소서 2장 1-10절에만 매이게 되면, 하나님의 계획과 연결되어 있는 교회의 모습만을 보게 된다. 이 부분에선 사람의 역사와 사람의 책임을 볼 수 없다. 모든 것을 하나님이 주도하시며, 모든 것이 하나님에 의해서 진행되어 간다. 하나님이 하시는 일은 모든 것이 완벽하다.

에베소서 2장 3-7절은 교회를 구성하고 있는 성도 개인들에 대한 하나님의 계획을 소개한다. 이처럼 위대한 본문에서 우리는 우리가 받은 복의 특징과 우리가 받은 복의 원천, 하나님이 계획하신 복의 결말, 그리고 그 결말에 이르는 방법들을 볼 수 있다. 우리가 받은 복의 특징에 대해서 생각해보자면, 그 모든 복은 영적이며, 하늘에 속한 것이며, 또한 그리스도 안에 있는 것이란 사실을 기억할 필요가 있다. 왜냐하면 복을 생각할 때, 우리는 복을 물질적이고, 땅에 속한 것이며, 게다가 첫 사람 아담과 연결된 것으로 생각하기 쉽기 때문이다. 우리가 받은 복의 진정한 특징을 실현하게 되면, 그것은 우리의 증거에 엄청난 영향을 미칠 것이다. 오늘날 소위 많은 교회들이 앞 다투어 성취하고자 하는 교회사역의 목적은 무엇인가? 신자들을 영적인 사람으로 만들기 보다는 오히려 세상의 기준에서 도덕적인 사람으로 만들고, 세상에서 불러내어 하늘에 적합한 사람이 되게 하기 보다는 오히려 세상에서 높은 지위를 얻게 하고, 그리스도 안에 있는 새로운 지위에 들어가게 하기 보다는 오히려 세상에서 첫 번째 지위에 들어가게 하는 법을 가르치고 있지는 않는가? 하나님은 우리가 받은 복의 참 성격을 가르치심으로써 우리의 성품과 우리의 증거를 하늘에 속한 사람의 것으로 변화시키는 일을 하시며, 그 신령한 복들을 누릴 수 있는 참 자리로 들어가도록 이끄는 일을 하신다.

우리가 받은 복의 원천에 대해서 생각해보자면, 우리는 "하나님 곧 우리 주 예수 그리스도의 아버지께서 … 창세 전에 그리스도 안에서 우리를 택하셨다"(엡 1:3,4)는 구절을 볼 수 있다. 우리가 받은 모든 복은 아버지의 마음 속에 계획된 것이었으며, 거기에 원천이 있다. 세상의 토대를 놓기 이전부터 아버지의 마음이 우리를 향해 있었다는 사실을 발견한다. 그리고 아버지께서는 우리가 그 사실을 알기를 기뻐하신다. 그래서 아버지를 사랑하는 마음을 가지게 된 우리는, 하나님이 우리에게 그 마음의 비밀을 계시해주시는 것을 우리에게 속한 최고의 특권들 가운데 하나로 여기게 된다. 세상의 토대를 놓기 이전 그리스도 안에서 선택되었다는 것은 피조 세계와는 별개의 목적을 가지고 선택받았음을 의미한다.

따라서 우리를 위한 하나님의 목적은 우리가 하는 일 또는 우리가 할 수 있는 일에 좌지우지 될 수 없다. 우리는 우리 자신을 슬픔과 시련의 세상, 적대감과 박해로 가득한 세상 속에서 고군분투하면서 혹 하나님의 목적에 이르지 못할까봐 두려움에 떨고 있을 수 있지만, 하나님의 목적은 우리가 현 시간 속에서 통과하도록 부르심을 받은 이 세상에 속한 그 어느 것에 의해서도 변경될 수 없다. 사탄 마귀는 세상사에서 어려움을 일으켜 우리 마음에 하나님을 불신하도록 조장하는 방법을 사용할 뿐만 아니라, 하나님의 사랑에 의심을 품도록 계략을 꾸민다. 하지만 여기서 우리는 아버지의 사랑이 모든 일의 배후에 작용하고 있으며, 세상의 토대를 놓기 이전에 하나님은 우리에 대한 자신의 사랑을 확정하셨고, 세상이 더 이상 존재하지 않게 되었을 때 우리가 누릴 영원한 복을 볼 수 있도록 허락을 받았다.

이 사실은 세상을 통과하는 여정 가운데 있는 우리의 영혼을 얼마나 든든하게 해주는지 모른다. 왜냐하면 시간 속에서 진행되는 하나님의 섭리 가운데 일어나는 그 어떤 일도 영원 속에서 그리고 영원을 위해 확정된 사랑의 계획을 무너뜨릴 수 있는 것은 아무것도 없기 때문이다.

더욱이 우리는 하나님의 마음 속에 있는 우리의 모든 복의 원천을 발견하고자, 세상의 토대를 놓기 이전으로 돌아갈 필요가 있었을 뿐만 아니라, 장차 영광 가운데서 이루어질 하나님의 모든 계획의 결말을 보려면 더욱 멀리 영원이라는 시간까지 나아갈 필요가 있었다. 따라서 우리는 하나님께서 성도들을 하나님 자신에게 적합한 상태로 자기 앞에 세우고자 계획하신 것이 무엇인지를 배울 필요가 있다. 그것은 "사랑 안에서 그 앞에 거룩하고 흠이 없게 하시는" 것이다. 성품에 있어서 거룩하고, 행실에 있어서 흠이 없고, 본성상 사랑의 영성을 품게 하려는 것이다. 이런 것들보다 하나님의 마음과 조화를 이루는 것은 없다. 이는 만일 하나님께서 자신에게 적합한 상태로 자기 앞에 하나의 백성을 소유하고자 하신다면, 그들은 하나님과 닮은 상태에 있어야만 하기 때문이다. 하나님을 닮는 것만이 하나님에게 적합한 존재가 되는 것이다.

하나님은 그 성품에 있어서 거룩하시며, 그 행하시는 모든 일에 흠이 없으시며, 그 본성상 사랑이시다. 이러한 상태에서 우리를 소유하심으로써, 하나님은 우리 안에서 기뻐하시고 또한 우리는 하나님 안에서 기뻐하도록 정하셨다. 이보다 하나님의 마음을 만족시키는 것은 없으며, 이보다 하나님의 임재 속에서 우리를 행복하게 해 주는 것도 없다. 성품과 행실과 본성에 있어서 아무 문제가 없을 때, 하나님 안에서 누리는 우리의 기쁨도, 우리를 통해서 누리는 하나님의 만족도 손상을 입지 않는다. 장차 이루어질 그 충만함 또한 우리 영혼 속에서 바로 지금 성령에 의해서, 또는 성령의 능력을 통해서 되는 일일 뿐만 아니라, 우리가 장차 하늘에서 완전하게 되는 일도 여기 이 땅에서 영적으로 추구함으로써 이루어지는 일이다.

게다가 우리는 이 세상에서부터 하나님에게 적합한 상태에 들어가도록 선택을 받았을 뿐만 아니라, 아버지 앞에서 아들들의 관계를 누리도록 예정되었다. 의심의 여지없이 천사들은 하나님 앞에서 하나님에게 적합한 상태에 있을 것이지만, 그들은 하늘에서 종의 위치에 있다. 우리는 아들들의 관계 속으로 들어왔다. 이렇게 하나님의 기쁘신 뜻대로 아들들이 되도록 우리를 예정하신 것은 특별한 특권이며, 이는 하나님 은혜의 영광을 찬미하려는 것이다.

더구나 이러한 하나님의 목적이 이루어지려면, 우리는 하나님 은혜의 풍성함을 따라서 구속(救贖)을 받아야만 했으며 또한 그리스도의 피를 통해서 죄들의 사함을 받아야만 했다. 사도 바울은 예정과 "하나님 은혜의 영광"을 연결시켰으며, 지금은 구속과 "하나님 은혜의 풍성"을 연결시키고 있다. 우리가 처한 가장 큰 필요, 즉 우리가 지은 모든 죄들을 용서받는 것은 하나님 은혜의 풍성에 의해서 충족되었지만, 하나님 은혜의 영광은 그 이상의 의미를 가지고 있다. 하나님 은혜의 영광은 우리를 무한한 호의를 받는 위치 속으로 넣어주었으며, 우리에게 아들들의 자리(the place of the sons)를 주었다.

탕자의 비유를 생각해보자. 탕자의 필요를 충족시킨 일은 아버지 집에는 은혜의 자원이 얼마나 풍성한가를 보여준다. 하지만 그에게 아들의 자리를 준 일은 아버지 마음 속에 있는 은혜의 영광을 보여준다. 로마서에서 그리스도의 죽음은 우리의 모든 책임문제를 완전히 해결했고, 따라서 로마서에서 사도 바울은 "깊도다 하나님의 지혜와 지식의 부요함이여"(롬 11:33)라고 외쳤다. 에베소서에서 사도 바울은 우리의 책임문제를 넘어, 우리의 특권을 보여준다. 따라서 우리는 하나님 은혜의 풍성 뿐만 아니라, 하나님 은혜의 영광까지 소유한 사람들이 되었다.

처음 7개의 구절을 통해서, 자기 백성들에 대한 아버지의 마음의 계획을 열어준 사도 바울은 새로운 주제, 매우 경이로운 주제로 넘어간다. 그는 우리에게 그리스도에 대한 아버지의 비밀스러운 뜻을 열어주는 일을 시작한다. 그는 사랑의 목적을 열어줌으로써 우리 마음을 만족시키는 일을 했고, 완성된 구속의 역사를 알게 해줌으로써 양심의 안식과 영적 자유를 누리게 해주었다. 이로써 우리는 그리스도와 교회에 대한 하나님의 생각 속으로 들어갈 준비를 갖추게 되었다.

하나님은 우리에게 때가 찬 경륜을 위해서 자기 속에 계획하셨던 그 기쁘신 뜻을 따라서 그 뜻의 비밀을 알리기를 원하셨다. 이제

"비밀(mystery)"이란 단어의 뜻을 생각해보자. 이 비밀이란 단어는 무슨 의미를 가지고 있는가? 이는 우리가 이해할 수 없는 그 무엇을 가리키는 것인가, 아니면 신비스러운 것 또는 수수께끼 같은 것인가? 성경에서 비밀(mystery)이란 하나님이 계시해주시기 전까지는 결코 알 수 없었던 것, 또는 감춘 사람이 비로소 공개함으로써만 알 수 있는 하나의 비밀(a secret)을 가리킨다. 이 비밀은 하나님의 선하신 뜻을 따라 감추어 왔다. 이 비밀은 하나님의 마음을 만족시킨다. 왜냐하면 이 비밀은 그리스도에 대한 것이기 때문이다. 과연 우리는 그러한 비밀들에 대해 관심이 없다고 말하곤, 그 깊은 것들을 그저 다른 사람들에게 내맡길 것인가? 그럴 수 없다. 그렇게 하는 것은 하나님이 그리스도를 위해 그 마음에 품으신 것(교회의 비밀)에 대해선 아무런 관심이 없고, 그저 하나님이 우리를 위해 그 마음에 품으신 것(영혼의 구원)을 아는 것으로만 만족하겠다는 의미이기 때문이다.

여기서 비밀은 하나님이 만사를 그 마음대로 경영하시는 때, 즉 "때가 찬 세대 또는 정해진 때"와 연관이 있다. 하나님이 다른 여러 시대에 경영 원리들을 정하셨지만, 그 모든 것들은 인간의 손에서 전적으로 실패했다. 하지만 그 모든 것들은 때가 되면 그리스도 아래서 경영될 것이다. 인간 정부와 제사장제도와 왕권은 구약시대에 하나님이 세우신 제도였지만, 인간의 책임 아래서 모두 무너져 내

렸다. 하지만 그 모든 것들이 완전한 모습으로, 또 충만한 모습 가운데서 경영이 이루어질 때가 오고 있다. 이 일은 장차 하늘에 있는 것이나 땅에 있는 것이 다 그리스도 안에서 통일을 이룰 때 이루어질 것이다. 현 세대엔 그리스도께서 숨어 계신다. 하지만 그리스도께서 영광 중에 오실 때, 모든 혼돈과 이 세상의 모든 슬픔과 무질서는 사라지게 될 것이다. 사탄의 통치는 끝나고, 이스라엘의 소경된 시기도 끝나고, 이방 나라들의 경건치 않은 통치자들의 통치도 끝나고, 피조물의 탄식소리는 잠잠해질 것이며, 저주 또한 사라질 것이다. 이 모든 일들은 (어떤 사람들이 생각하듯) 복음 전파에 의해서 되는 것도 아니고, 인류문명의 진보와 발전으로 이루어지는 것도 아니라, 오직 그리스도의 재림에 의해서 이루어질 것이다. 그리스도께서 자신의 보좌를 이 땅 위에 세우실 때, 그리고 그리스도께서 이 세상 나라를 통치하실 때, 모든 일이 하나님의 기쁘신 뜻대로 경영될 것이다.

구약성경은 "그리스도의 고난과 후에 얻으실 영광"에 대해서 풍성하게 예고하고 있다. 이러한 영광들은 땅 끝까지 미치는 것이긴 하지만, 여전히 땅에 속한 영광일 뿐 하늘에 속한 영광은 아니다. 이런 내용은 비밀도 아니고 신비에 속한 것도 아니다. 반대로 선지서들은 지상 왕국에 대한 많은 설명과 풍성한 메시지로 가득하다. 하지만 신약성경으로 오게 되면, 하나님은 위대한 비밀을 우리에게 열어주시는데, 곧 그리스도의 통치가 땅의 한계를 넘어 무한히 뻗어나갈 것임을 알려준다. 사람이신 그리스도는 "바다에서부터 바다까지와 강에서부터 땅 끝까지 다스리실" 것이며(시 72:8), 모든 피조 세계를 포함하는 하나님의 광대한 전체 우주까지 통치하실 것이다. 즉 그리스도는 "모든 정사와 권세와 능력과 주관하는 자와 이 세상뿐 아니라 오는 세상에 일컫는 모든 이름 위에" 뛰어난 자리에 앉으실 것이다. 게다가 하늘에 있는 것들과 땅에 있는 것들이 다 머리이신 그리스도 아래서 통일을 이루게 될 것이다.

하나님은 우리에게 모든 지혜와 지식(intelligence)을 풍성하게 하심으로써, 자기 백성들을 위한 자신의 목적 뿐만 아니라 그리스도를 위한 자신의 마음의 비밀을, 땅에 대한 자신의 목적 뿐만 아니라 온 우주에 대한 자신의 비밀까지도 우리에게 알리시기를 기뻐하셨다. 하늘들은 지금 땅으로부터 분리되어 있지만, 그런 상태가 영원히 지속되지는 않을 것이다. 하나님은 사람이신 그리스도 아래서 하늘과 땅을 통일하실 계획을 세우셨다. 이것이 하나님의 뜻의 비밀이긴 하지만, 그렇다고 해서 총체적으로 베일에 싸인 것은 아니었다. 왜냐하면 비밀은 "그리스도와 교회"에 대한 것이기 때문이다(엡 5:32). 비밀은 그리스도에 대한 것도 아니고, 교회에 대한 것도 아니라, 그리스도와 교회에 대한 것이다. 이 사실은 우리를 비밀의 가장 놀라운 지점으로 이끈다. 즉 그리스도의 우주적인 통치의 시대가 열릴 때, 그리스도는 어마어마한 무리의 사람들을 자기 백성으로 소유하실 것이다. 그들은 이 타락한 세상, 파괴되고 황폐화된 세상에서 구원을 받은 사람들이다. 그리스도의 사역의 결과로 그분과 같이 변화되고, 성령에 의해서 그리스도와 연합을 이룬 사람들로서, 그리스도의 몸과 그리스도의 신부의 자격으로 그리스도와 함께 그리스도의 우주적인 통치의 영광에 참여하는 사람들이다.

에베소서 1장의 나머지 부분은 우리 앞에 추가적인 진리를 소개한다. 사도 바울은 계속해서 "그리스도 안에서 우리가 기업을 얻었으니"(11절, KJV 직역)라고 말한다. 11절과 12절에서 그는 유대인 신자들을 언급하고, 13절에서 이방인 신자들을 언급했지만, 14절에서는 "우리의 기업"을 언급하면서, 그는 유대인 신자와 이방인 신자를 함께 언급한다. 따라서 또 다른 말을 사용해서 이것을 표현하자면, 이 위대한 비밀은 "그리스도와 교회가 하늘의 복에서 하나가 되었을 뿐만 아니라 하나님이 창조하신 모든 만물을 통치하는 일에도 하나 되었다"는 것이다.

그리스도께서는 이스라엘과 이방 나라들과 온 우주를 통치하실 것이지만, 성경에는 그리스도께서 교회를 통치하실 것이라고 말한 곳이 한 군데도 없다. 사실 그리스도는 최고 통치자의 자리에 앉으실 것이지만, 교회는 그리스도의 영광의 찬송이기에 그리스도와 함께 통치하는 일을 하게 될 것이다.

에베소서 1장 끝부분에 보면, 사도 바울의 기도 속에는 이러한 내용들이 풍성하게 소개되어 있다. 3-7절에 있는 부르심의 소망과 8-14절에 있는 하늘에 예비된 기업을 소개하면서, 사도 바울은 이제 우리가 이러한 내용들을 알게 될 뿐만 아니라, 더욱 더 이처럼 영광스러운 진리들이 우리에게서 실제적인 열매를 맺도록 우리에게 베풀어진 능력이 얼마나 큰지를 알게 해달라고 기도하고 있다. 이 능력은 그리스도를 죽은 자 가운데서 다시 살리시고 또한 그리스도를 "모든 만물 위에" 세우시고, 또한 "만물을 그 발 아래 복종하게" 하는 것으로 나타났다. 이 능력은 또한 사람이신 그리스도에게 만물 위에 머리가 되도록 했고, 교회의 머리가 되게 했다. 이제 교회는 그리스도의 몸이며, 만물을 충만하게 하시는 자의 충만이다. 여기서 교회는 그리스도의 몸으로 소개되고 있는데, 이는 지상에서 진행되어 가는 하나님의 섭리 속에서 이미 이루어진 일이라기 보다는, 장차 영광 가운데서 이루어질 하나님의 계획을 소개하는 것이다.

에베소서 1장의 초반부에서, 우리는 교회를 형성하는 개인들에 대한 하나님의 계획들이 소개되어 있는 것을 보았고, 이제 이 장의 후반부에는 전체적인 교회, 곧 하나의 몸으로서 교회를 위한 하나님의 계획들이 소개되어 있는 것을 볼 수 있다. 이로써 우리는 장차 몸이 영광 가운데서 완결되는 시기를 볼 수 있게 되었다. 몸으로서 교회가 머리이신 그리스도와 온전히 하나가 될 때, 바로 그때 교회는 만물을 통치하시는 그리스도의 통치에 참여하게 될 것이다.

아담과 이브가 그리스도와 교회의 모형으로 제시되었다. 이브는 이처럼 낮은 세상을 통치하는 일에 직접적으로 개입한 것 같지는 않다. 다만 아담이 그 일을 했다. 하나님은 아담과 이브에게 "생육하고 번성하여 … 모든 생물을 다스리라"(창 1:28)고 말씀하셨지만, 실제로는 이브가 창조되기 이전에 아담이 통치하는 일을 맡았다. 하나님이 동물을 창조하셨을 때, 아담은 동물의 이름을 짓는 일을 했다. 아담은 모든 창조 세계의 머리였고, 아담과의 연합을 통해서 이브는 아담의 통치에 참여했던 것이다.

마찬가지로 그리스도와 연합을 이룬 교회는 모든 창조세계에 대한 그리스도의 우주적인 통치에 참여하게 될 것이다. 이브가 아담을 돕는 배필(helpmeet)이었던 것처럼, 교회는 그리스도의 돕는 배필이자 파트너로서 만물 안에서 만물을 충만케 하시는 자의 충만으로 나타나게 될 것이다. 교회가 없는 상태의 그리스도는 그 충만에 있어서 무언가 결핍으로 남을 수밖에 없다. 누군가 이런 말을 했다.

"하나님의 아들로서 그리스도는, 아들의 영광에 있어서 그 완전 자체이며, 무언가 결핍이 있을 수 없다. 하지만 인자로서 그리스도의 경우엔 다르다. 아담에게 이브가 없는 경우보다 그리스도에게 교회가 없다면, 그리스도의 영광은 완전한 것일 수 없다."

The Church in the Ways of God

제 4장 하나님의 섭리 속에 있는 교회
에베소서 2장 11-22절

에베소서의 전반부, 즉 1장과 2장 1-10절을 보면, 교회는 하나님의 계획에 따라서 영광 중에 계신 그리스도와의 관계 속에 있는 존재로 제시되었다. 이는 교회를 전혀 다른 관점으로 볼 수 있는 길을 예비하는 것인데, 이를 통해서 하나님의 섭리를 따라서 진행되어 가는 교회의 형성과 이 세상에서 교회가 증거해야 할 증거가 무엇인지를 볼 수 있게 해준다.

교회와 연결되어 있는 영광을 위한 하나님의 계획과 지상에서 진행되는 하나님의 섭리 사이엔 엄청난 차이가 있다. 이러한 차이점을 이해하게 되면, 우리는 교회가 하늘에서 그리스도와 연합을 이룬 존재로서 영광스러운 운명을 가지고 있다는 사실을 보게 될 것이며, (이것이 교회에 대한 하나님의 영원한 목적이다) 뿐만 아니라 교회가 지상에 존재하는 이유와 여기 이 땅에서 진행되는 하나님의 섭리 가운데서 얼마나 중요한 자리를 차지하고 있는지를 보게 될 것이다. 에베소서 2장 11-22절에 있는 내용이 바로 이러한 교회의 측면을 우리에게 소개한다.

교회의 이처럼 중요한 측면을 우리에게 이해시키고자, 사도 바울은 십자가 이전 시대에 이스라엘이 차지하고 있던 그 독특한 지위를 우리에게 상기시켜준다. 그 시대엔 유대인과 이방인 사이에 엄청난 차이가 있었다. 지상에서 진행되는 하나님의 섭리 가운데서 유대인들은 특권의 자리를 누릴 수 있었고, 이방인들은 그저 외인일 뿐이었다. 이스라엘은 땅에 속한 약속과 땅에 속한 소망으로 가득한 땅에 속한 지상 왕국을 형성했다. 그들은 하나님과 외적인 관계 속에 있었다. 그들의 종교적 예배, 그들의 정치적 조직, 그들의 매일의 추구, 그들의 국가적 행사 등 예배의 최고의 행위부터 일상의 지극히 작은 행동에 이르기까지 모든 것이 하나님의 계명(법령)에 의해서 유지되고 있었다. 이는 엄청난 특권이었으며, 이방인들은 거기에 참여할 수 없었다. 그럴지라도 유대인들이 이방인들보다, 하나님의 눈으로 볼 때 더 나았던 것은 아니었다. 유대인들 대부분은 이방인들과 마찬가지로 죄인이었고, 어떤 경우엔 더 심했다. 한편 이방인들 가운데에는, 욥처럼 진실로 회심한 사람들도 있었다. 하지만 지상에서 진행되는 하나님의 섭리를 통해서, 하나님은 이스라엘과 이방인을 구분하셨고, 이스라엘 민족에겐 특별한 특권의 자리를 주셨다. 심지어 회심하지 않았을지라도, 하나님의 온전한 지혜를 통해서 삶의 어려운 일을 해결하는 은혜를 입을 수 있는 특권을 누렸다. 하지만 이방인들은 세상에서 그런 지위를 얻지 못했다. 이방인들은 하나님의 돌보심을 받지 못했다. 그들의 일은 하나님의 계명과는 상관없이 진행되었다. 그리고 유대인의 삶을 주장했던 바로 그 계명들은 유대인과 이방인을 선명하게 구분했고, 따로 구별되도록 했다.

그렇기 때문에 유대인은 지상에서 하나님께 가까이 나아가는 특권을 누렸고, 이방인은 세상에서 하나님이 없는 상태에서, 외적으로 멀리 떨어진 상태로 있었다.

그럼에도 이스라엘은 자신들의 특권에 부합한 삶을 사는데 완전히 실패했다. 그들은 여호와를 버리고 우상을 좇았다. 하나님의 계명과 법령은 그들에게 특권에 속한 지위를 보장했지만, 그들은 전적으로 무시했다. 최종적으로 그들은 자신들의 메시아를 십자가에 못 박았고, 성령을 거슬러 대적했다. 결과적으로 그들은 지상에서 자신들이 받았던 그 특권의 자리를 (잠시 뿐이긴 하지만) 잃어버렸고, 자신들의 땅을 빼앗겼으며, 게다가 열국 가운데 흩어지게 되었다.

이렇게 이스라엘이 버림을 받게 된 일은 지상에서 진행되는 하나님의 섭리에서 있어서 엄청난 변화가 일어나는 길을 예비했다. 이제 에베소서 2장 11,12절을 보자.

"그러므로 생각하라 너희는 그 때에 육체로 이방인이요 손으로 육체에 행한 할례당이라 칭하는 자들에게 무할례당이라 칭함을 받는 자들이라 그 때에 너희는 그리스도 밖에 있었고 이스라엘 나라 밖의 사람이라 약속의 언약들에 대하여 외인이요 세상에서 소망이 없고 하나님도 없는 자이더니."

하나님의 성령께서는 과거를 생생하게 묘사함으로써 이스라엘이 거절을 당한 이후에 전개되는 일을 극도로 대조시키는 일을 하신다. 이로써 하나님은 지상에서 전개되는 자신의 섭리 가운데서 교회를 등장시키셨고, 이로써 유대인과 이방인과는 전혀 별개의 새로운 복을 받게 된 공동체로서 교회를 세우셨다.

이 새로운 출발은 이방인들에게 전혀 특별한 방식으로 전개되는 하나님의 은혜가 역사할 공간을 만들어냈다. 이 은혜의 부르심은 이방인들에게 곧장 흘러나갔다. 사실 유대인들은 이 새로운 복의 공동체에 들어가는 것에서 배제된 것은 아니다. 앞으로 살펴볼 것이지만, 교회는 유대인 신자들과 이방인 신자들로 구성된다.

만일 이방인이 헤아릴 수 없는 특권의 공동체, 새로운 복의 공동체에 가입될 수 있다면, 다시 말해서 이방인이 교회에 가입하려면, 그것은 반드시 공의로운 원칙을 토대로 해야 한다. 그렇기에 십자가가 즉시 소개되고 있다. 에베소서 2장 13-16절을 보라.

"이제는 전에 멀리 있던 너희가 그리스도 예수 안에서 그리스도의 피로 가까워졌느니라 그는 우리의 화평이신지라 둘로 하나를 만드사 중간에 막힌 담을 허시고 원수 된 것 곧 의문에 속한 계명의 율법을 자기 육체로 폐하셨으니 이는 이 둘로 자기 안에서 한 새 사람을 지어 화평하게 하시고 또 십자가로 이 둘을 한 몸으로 하나님과 화목하게 하려 하심이라 원수 된 것을 십자가로 소멸하시고."

십자가는 이미 하나님의 계획의 성취를 소개하고 있는 에베소서 1장에서 암시적으로 언급되었다. 여기 에베소서 2장에서 십자가는 지상에서 진행되는 하나님의 섭리와 연결되어 있다. 그리스도의 피에 의해서 이방 죄인들은 하나님께 가까이 나아가게 되었고, 죄 때문에 멀리 떠나 있던 상태에서 가까운 자리로 나아갈 수 있게 되었다. 단순히 외적인 가까움이 아니라, 계명과 예식을 준수함으로써 얻는 가까움이 아니라, 다만 죽은 자 가운데 다시 살아나시고 또 우리를 위해 하나님의 면전 앞에 나타나시는 그리스도 속에 있는, 즉 하나님과 그리스도 사이에 흐르는 그 친밀함에 푹 젖은 가까움이다. 이에 성경은 "너희가 그리스도 예수 안에서 그리스도의 피로 가까워졌느니라"(13절)고 말한다. 우리가 지은 죄들은 우리를 하나님에게서 멀리 떨어져 있게 했지만, 그리스도의 보배로운 피가 우리의 모든 죄들을 다 씻어주었을 뿐만 아니라, 거기서 더 나아가, 그보다 더욱 의미심장한, 우리를 하나님께 가까이 나아가게 해준 것이다. 그리스도의 피는 그에 상응하는 값을 지불할 것을 요구하는 죄의 엄청난 심각성을 선언할 뿐만 아니라, 그 이하의 가격으로는 결코 만족시킬 수 없는 하나님의 거룩성을 선언하며, 게다가 그 값을 넉넉히 지불해준 그리스도의 무한한 사랑을 계시해준다.

　이 일은 교회의 형성에 절대적으로 필요한 일이긴 하지만, 이 일 자체만으로는 교회를 이룰 수는 없다. 교회는 단지 "그리스도의 피로 하나님께 가까이 나아가게 된 허다한 개인들의 모임"과 동의어가 아니다. 왜냐하면 이런 일은 시대마다 피로 구속함을 받은 모든 성도들에게도 이루어진 일이기 때문이다. 교회가 되려면 그 이상이 필요하다. 개인들이 "가까워져야" 할 뿐만 아니라(13절), 유대인 신자들과 이방인 신자들이 반드시 "하나가" 되어야 한다(14절). 이 일은 그리스도의 십자가를 통해서만 이루어질 수 있었다. 십자가에서 그리스도는 유대인과 이방인 사이를 가로막고 있던 장애물을 제거했다. 유대인과 이방인 사이에 있던 적대감은 하나님의 계명에 의해서 생겼던 것이고, 그 계명은 이방인과 유대인이 하나 되는 것을 가로막고 있었다. 이러한 계명들 때문에 유대인은 하나님께 (외적으로) 나아갈 수 있었지만, 반면 이방인은 그럴 수 없었다. 하지만 십자가에서 그리스도는 하나님께 나아갈 수 있는 수단(방법)으로서 계명의 율법을 완전히 폐지하셨고, 그리스도의 피로 하나님께 나아가는 새로운 길을 열었다. 그리스도의 피를 근거로 해서 하나님께 나아가는 유대인은, 과거 유대인들에게 주어진 율법 계명과는 모든 관계가 끝나게 된다.

이제 십자가를 통해서 이방인은 하나님에게서 멀리 떠나 있던 상태에서 벗어나게 되었고, 유대인은 과거 세대적인 가까움 속에 있던 상태에서 벗어나게 되었다. 이제 이 둘은 하나가 되어, 하나님 앞에서 공통의 복을 누리게 되었는데, 이러한 복은 과거 어느 쪽도 누릴 수 없었던 복이었다. 이방인 신자들이 유대인들이 누렸던 특권의 수준으로 올라가는 것이 아닌 것처럼, 유대인 신자들 또한 이방인의 수준으로 내려오는 것이 아니다. 둘 다 전적으로 새로운 자리로 들어가는 것이며, 측량할 수 없는 신령한 복을 받는 자리로, 더 높은 차원으로 올라가는 것이다.

하지만 이 사실조차도 교회에 속한 충만한 진리를 표현하지 못한다. 사도 바울이 여기서 멈추었다면, 우리는 신자들이 피로써 가까워졌고 또 모든 원수된 것들이 제거됨으로써 하나가 되었다는 사실은 확실히 보았을 터이지만, 우리가 행복한 단일체로서 하나의 공동체가 되었다는 개념은 미지의 영역으로 남았을 것이다. 이 또한 참으로 복된 일이긴 하지만, 그럴지라도 교회에 관한 완전한 진리에는 한참 미치지 못한다. 따라서 사도 바울은 그 이상의 내용을 전개하면서, 우리가 "가까워졌고" 또 "하나"가 되었을 뿐만 아니라 또한 우리가 "한 새 사람"(15절)이 되었고, "한 몸"(16절)이 되었으며, "한 성령"께서 내주하시며, 이 한 성령 안에서 아버지께 나아감을 얻게 되었다(18절)는 진리를 소개한다. 이러한 내용들은 그리스도의 몸으로서 교회에 대한 충만한 진리를 소개하는 내용으로서, 지상에서 진행되어 가는 하나님의 섭리에 속한 부분이다.

하나님은 그리스도의 피를 근거로 해서 유대인들과 이방인들 가운데서 영혼을 구원하는 일을 하시고, 그렇게 구원한 사람들을 하나로 모으는 일을 하실 뿐만 아니라, 또한 그들을 그리스도는 영광스러운 머리이시며, 신자들은 그 몸의 지체들이며, 또한 하나 되게 하는 능력이신 성령의 역사로 "한 새 사람(one New Man)"으로 형성하는 일을 하신다. 이는 성도들이 하나라는 사실(unity) 보다 더욱 위대한 일이다. 이렇게 위대한 진리가 바로 연합(union)의 진리이다.

교회는 그저 행복한 공동체로서 신자들의 모임이 아니다. 교회는 그리스도와 연합을 이루고 있는 그리스도의 지체들인 사람들과 또한 서로간 친밀한 연합을 이룬 사람들의 모임이다. 새 사람은 단지 시간상 최근에 생긴 존재가 아니라, 전적으로 다른 질서에 속한 존재를 의미한다. 십자가 이전엔, 두 사람 즉 유대인과 이방인이 있었다. 그 둘은 서로 미워했으며, 하나님과 원수관계에 있었다. 이제 하나님의 경이로운 방법을 통해서, 한 새 사람이 존재하게 되었다. 지상에 있는 모든 성도를 아우르는 한 새 사람(A New Man)은, 한 성령에 의해서, 부활하고 높임을 받으신 그리스도와 하나가 된 사람들을 가리킨다. 지상에서 이루어지는 하나님의 교회의 형성과 관련해서, 사도 바울은 세 가지 위대한 진리를 언급한다. 즉 하나님과의 화목이 이루어졌음, 죄인들에게 평안이 전파되었음, 그리고 성도들이 아버지께 나아가게 되었음이다.

첫 번째 위대한 진리는 유대인과 이방인이 한 몸 안에서, 하나님과 화목을 이루었다(16절)는 것이다. 하나님은 이방인이 자기에게서 멀리 떠나 있거나 또는 유대인이 그저 외적으로만 가까운 자리에 머물러 있을 뿐 실상은 이방인들만큼이나 실제적으로 멀리 떠나 있는 상태에 있는 것에 대해 만족하지 않으셨다. 게다가 하나님은 유대인과 이방인이 서로에 대해 멀리 떠나 있는 상태로 남아있는 것에 대해서도 만족하지 않으셨다. 그러므로 십자가에서 하나님은 그 둘을 자기에게로 가까이 나아오게 하고 또 그 둘이 서로 가까워지게 하여, 하나님이 완전히 만족하실 수 있는 하나의 몸을 이루게 하심으로써, 참으로 경이로운 역사를 이루어내셨다. 십자가는 유대인과 이방인 신자들 사이에 있는 적대감을 없애는 역사를 이루어냈는데, 사실 그러한 적대감은 전에 그 둘과 하나님 사이를 가로막고 있는 것이기도 했다. 유대인 신자들과 이방인 신자들이 "한 몸"으로 형성되었다는 사실만큼 적대감이 완전히 제거되었음을 완벽하게 표현해주는 것은 없다. "또 십자가로 이 둘을 한 몸으로 하나님과 화목하게 하려 하심이라 원수 된 것을 십자가로 소멸하시고." (16절) 이 구절은 "한 새 사람"을 언급하고 있지 않다. 왜냐하면 한 새 사람은 그리스도를 머리로 포함하고 있기 때문이다. 화목의 개념은 그리스도와는 아무 상관이 없다. 화목이 필요한 것은 몸을 이루고 있는 개인들이지, 머리이신 그리스도가 아니기 때문이다.

두 번째 위대한 진리는 평안의 복음이 전에 (하나님으로부터) 멀리 있던 이방인들과 세대적으로 가까이 있던 유대인들에게 전파되었다는 것이다. 에베소서 2장 16-18절은 평안의 복음이 전파되었다는 내용을 소개함으로써 교회가 어떻게 지상에서 형성되는 것인지를 보여주고 있다. 십자가가 없다면 복음 전파가 있을 수 없고, 복음 전파가 없다면 교회도 있을 수 없다. 비록 그리스도께서 전파하신 복음이 다른 사람들을 도구로 해서 전파된 것은 사실이지만, 그럼에도 그리스도께서 평안의 복음의 전파자로 소개되고 있다. (영어 성경을 보면 16,17절의 주어가 그리스도로 되어 있다.) 게다가 마가복음은 이 사실을 확증하듯 "제자들이 나가 두루 전파할새 주께서 함께 역사하사 그 따르는 표적으로 말씀을 확실히 증거하시니라"(막 16:20)고 말하고 있다.

그리고 세 번째 위대한 진리, 엄청난 복을 담고 있는 진리가 있다. 한 성령에 의해서 우리가 (곧 유대인과 이방인이) 아버지께 나아감을 얻게 되었다는 것이다. 하나님 쪽에서 거리감과 괴리감이 제거되었을 뿐만 아니라, 우리 쪽에서도 거리감과 괴리감이 제거되었다. 십자가에서 이루어진 그리스도의 사역에 의해서 하나님은 우리에게 가까이 오실 수 있게 되었고, 평안의 복음이 전파되었으며, 우리 속에서 일하시는 성령의 사역을 통해서 우리는 아버지께 가까이 나아갈 수 있게 되었다. 십자가는 이렇게 가까이 나아갈 수 있는 자격을 준다.

성령님은 우리로 하여금 우리의 자격을 사용하고 또 실제적으로 아버지께 가까이 나아갈 수 있도록 돕는 일을 하신다. 하지만 만일 나아가는 일이 성령에 의한 것이라면, 분명 육신에 속한 사람은 아버지께 나아갈 수 있는 방법이 없다. 성령님은 육신을 그 모양이라도 허용하지 않으신다. 우리가 아버지께 나아가는 일은 건물이나, 예식이나, 조직이나, 어떤 특정 부류에 속함으로써 되는 것이 아니다. 이 모든 육신에 속한 방법들은 자연인에게 충분히 호소력이 있긴 하지만, 아버지께 나아가는 데에는 아무 효력이 없을 뿐만 아니라 더구나 아버지께 나아가는 데 가장 방해꺼리가 되는 것들이다.

아버지께 나아가는 것은 성령에 의해서만 가능하며, 더구나 "한 성령"으로 된다. 그러므로 아버지의 임재 속으로 들어가 보면, 모든 것이 한 마음 한 뜻으로 일치를 이룬다. 그러므로 우리는 "천국엔 아무런 삐걱거리는 소리가 없다"고 말할 수 있다.

감히 주님의 존전 앞으로 육신적인 것들을 가져옴으로써 교회 모임의 격을 떨어뜨리고자 하는가? 혹은 영적인 흐름에 맞지 않는 찬송을 택하거나, 아니면 경우에 맞지 않는 성경구절을 택함으로써 갑작스럽게 예배 분위기를 싸늘하게 만들고 있지는 않은가? 이런 일이 우리의 예배 가운데 일어나고 있다면, 이는 우리 모두가 한 성령으로 인도함을 받고 있지 못하다는 반증이다. 우리는 과연 성령을 소멸시키고, 교회 모임을 침묵상태에 빠뜨릴 수 있는 것을 교회에 도입하는 장본인이 되고 싶은가? 교회는 육신의 돌출적인 행동이나, 아니면 너무 스스럼없이 나대는 행동이 나타나면, 금새 싸늘해지는 분위기가 연출된다는 사실을 항상 기억해야 한다. 모든 사람은 자신을 돌아보고 자신을 판단하는 일을 한 후에, 주의 임재 앞으로 나아와야 한다. 그럴 때에만, 성령께서 자유롭게 우리를 아버지께로 나아가는 길로 인도하실 수 있다.

우리는 지금까지 그리스도의 몸으로서 교회에 대해 살펴보았다. 하지만 지상에서 진행되는 하나님의 섭리 속에 있는 교회는 또 다른 측면이 있다. 이제 에베소서 2장 19-22절을 보면, 이에 대한 두 가지 측면이 제시되어 있는 것을 알 수 있다. 첫 번째, 교회는 "주 안에서 성전"이 되어가는(growing unto) 과정 가운데 있다. 두 번째, 교회는 "하나님의 거하실 처소"로 지어지고 있다.

첫 번째 측면에서 볼 때, 교회는 주 안에서 거룩한 성전으로 지어져가는 점진적인 과정 가운데 있는 건물(a progressive building growing unto a holy Temple)로 비유되고 있다. 사도들과 선지자들은 터를 놓는 일을 했고, 그리스도께서는 기초석(the chief corner stone)이 되셨다. 기독교 시대 전체를 통해서, 마지막 신자가 건물을 완성하는 마지막 돌처럼 놓이게 되고, 그렇게 영광 가운데서 건물이 완성될 때까지, 신자들은 그렇게 돌 위에 돌이 놓이듯 건축되어 갈 것이다. 이것은 주님이 마태복음 16장에서 "내 교회를 세우리니 음부의 권세가 이기지 못하리라"(18절)고 말씀하신 그 교회인 것이다. 인간이 아니라 그리스도께서 그 건축하는 일을 하시는 건축자이시다. 그러므로 모든 것이 완벽하며, 오로지 산 돌들만이 이 거룩한 건축에 참여할 수 있다. 베드로는 우리에게 이 건물의 영적인 중요성을 말해준다. 즉 그는 산 돌들이 신령한 집으로 세워짐으로써, 한편으론 "하나님이 기쁘게 받으실 신령한 제사를 드리고"(벧전 2:5) 또 한편으론 하나님의 "아름다운 덕을 선전하게"(벧전 2:9) 하려는 것이라고 말했다. 요한계시록 21장에서, 요한은 그 완성된 건물이 하나님께로부터 하늘에서 내려오는 것과 하나님의 영광으로 빛나는 아름다운 환상을 보았다. 그 영광스러운 건물에서 끊임없는 찬송이 하나님께로 올라가고, 하나님의 아름다운 덕을 기리고 선전하는 완전한 증거가 사람에게로 흘러나가고 있었다.

이제 사도 바울은 건물이라는 그림언어를 사용해서, 교회의 또 다른 측면을 제시한다(22절). 그는 성도들을 더 이상 성전으로 지어져가는 존재로 보지 않고, 성령을 통해서 하나님의 거하실 처소로서 이미 완결된 하나의 집을 형성하고 있는 것으로 본다. 지상에 있는 모든 신자들은 어느 시점에서 볼지라도, 하나의 완성체로서 하나님의 처소를 이루고 있는(as forming the Habitation of God) 것이다. 그렇지만 사도 바울은 단순히 "너희는 하나님이 거하시는 처소다"라고 말하지 않고, 다만 "너희가 하나님의 처소가 되기 위하여 함께 지어져 가고 있다"라고 말하고 있음을 주목해야 한다. 왜냐하면 처소(the Habitation)는 유대인 신자들과 이방인 신자들이 "함께 지어짐으로써" 형성되는 것이기 때문이다.

하나님의 거하시는 처소는 빛과 사랑으로 빛나는 장소다. 그러므로 사도 바울이 에베소서의 실제적인 교훈을 다루는 부분에 이르렀을 때, 그는 우리에게 사랑을 입은 자녀같이 "사랑 가운데서 행하고" 또 "빛의 자녀들처럼 행하라"고 권면하는 말을 했다(엡 5:2,8). 이처럼 하나님의 집은 복의 장소이며 또한 증거의 장소다. 이 장소에서 성도들은 하나님의 호의와 사랑을 신령한 복으로 누리며, 또한 풍성한 복을 누린 결과로 온 세상을 향해 증거하는 증인의 사역을 한다. 에베소서에서 하나님의 처소는 하나님의 마음에 정한 방식을 따라서 제시되어 있기 때문에, 무엇이 실제적인 것인지에 대해서만 언급하고 있다. 하지만 다른 여러 성경 구절을 보면, 불행하게도 이 하나님의 처소가 우리 인간의 손에 맡겨진 결과로 어떻게 파괴되었는지를 보여주고 있으며, 마침내 심판이 하나님의 집에서 시작될 것임을 보여준다.

따라서 이 장에서 우리는 교회가 삼중적으로 제시되어 있는 것을 볼 수 있다. 교회는 유대인 신자들과 이방인 신자들이 영광 중에 계신 그리스도와 하나로 연합을 이룬 그리스도의 몸으로 제시되었으며, 따라서 부활한 사람이시며 또한 만물의 머리이신 그리스도와 한 새 사람을 이루고 있다. 우리가 기억해야 할 것은, 교회는 "하나의 몸"일 뿐만 아니라 "교회는 그리스도의 몸"(엡 1:23)이란 사실이다. 그리스도의 몸으로서 교회는 또한 "그리스도의 충만"이다. 교회는 그리스도의 모든 것을 표현하기 위해서 그리스도의 모든 것으로 충만하다. 그리스도의 몸된 교회는, 우리의 몸이 우리의 마음 속에 무엇이 있는지를 표현하는 것처럼, 그리스도의 마음을 표현하는 존재다.

이제 정리해보자. 교회는 건축 과정 가운데 있는 하나의 성전(a growing Temple)으로, 기독교 시대의 모든 성도들로 구성된 성전으로 건축되어 가고 있으며, 그 성전에서 성도들은 하나님께 찬미의 제사를 올려드리며, 하나님의 아름다운 덕을 사람들에게 선전한다.

　마지막으로 교회는 지상에서 하나의 완성된 집(a complete Building)으로 제시되어 있고, 모든 성도들은 어느 순간에서 보더라도 하나님이 거하시는 처소를 이루고 있으며, 이 하나님의 처소는 하나님의 백성들에겐 신령한 복을 내려주는 곳이며 또한 세상을 향해선 복음을 증거하는 곳이다.

The Church as Administered by Paul

제 5장 바울이 사역했던 교회

에베소서 3장

우리는 하나님의 계획 속에 있었던 교회의 모습을, 에베소서의 초반부에서 즉 에베소서 1장과 2장 1-10절을 통해서 살펴보았다. 뿐만 아니라 에베소서 2장 11-22절을 통해서, 지상에서 진행되어 가는 하나님의 섭리 속에 있는 교회의 모습도 보았다. 이제 에베소서 3장을 보면, 우리는 바울이 사역했던 교회의 모습을 볼 수 있다. 에베소서 3장 전체는 하나의 삽입구이다. 에베소서 2장이 교회에 대한 교리를 제시했다면, 에베소서 4장은 교리를 기초로 한 실제적인 권면을 제시하고 있다. 교리와 권면 사이에서, 본 주제를 벗어난 듯 보이긴 하지만 실상은 매우 중요한 교훈을 볼 수 있는데, 성령님께서는 이를 통해서 교회의 진리와 연결해서 바울에게 맡기신 교회에 대한 특별한 경영, 혹은 바울의 봉사를 소개하고 있다.

이 바울의 교회 사역과 연관해서, 우리가 배우는 것은 사도 바울이 이 교회의 진리를 주장함으로써 감옥의 벽 안에 갇히게 되었다는 점이다. 이처럼 위대한 교회 진리는 유대인과 이방인이 (동일하게 허물과 죄로 죽어 있기에) 하나님 앞에서 동일한 지위에 있을 뿐만 아니라, 유대인이 이방인 보다 복을 받는 높은 자리에 있다는 주장을 전적으로 거부하는 것이기에, 유대인들의 미움과 증오를 더욱 촉발시키는 작용을 했다.

이제 우리는 사도 바울이 과연 어떤 방법으로, 이 비밀에 속한 진리의 지식을 얻을 수 있었는지를 알게 되었다. 그것은 사람들을 통해서 받은 것이 아니라, 하나님에게서 직접적인 계시를 통해서 받은 것이었다. "곧 계시로 내게 비밀을 알게 하셨음이라." (엡 3:3) 이 사실은 비밀에 속한 진리와 연결해서 일어날 수 있는 엄청난 어려움을 해결한다. 바울이 유대인의 회당에서 복음을 전파했을 때 그는 변함없이 성경에 호소했으며, (행 13:27, 29, 32, 35, 47, 17:2을 보라) 게다가 베레아의 유대인들은 과연 바울이 전하는 말이 성경과 일치하는가를 살펴보고자 성경을 상고했기 때문에, 그들의 행동은

추천할만한 것으로 소개되었다. 하지만 사도 바울이 교회 진리를 증거했을 때에는, 그는 더 이상 구약성경을 가지고 확증해보도록 호소할 수 없었다. 바울의 청중들이 과연 그러한가하고 성경을 상고하는 일은 헛수고가 될 뿐이었다.

니고데모가 거듭남의 진리(the truth of new birth)를 이해하는데 어려움을 겪었던 것처럼, 유대인의 불신앙은 (거듭남의 진리를 포함해서) 성경에 있는 많은 진리들을 수용하는데 어려움을 겪도록 작용할 수밖에 없었다. 하물며 구약성경에 없는 무언가를 받아들이고, 게다가 성경에 있는 유대교를, 수세기 동안 하나님의 인준을 받으며 존재해온 전체 유대교 시스템을 포기하라는 것은, 유대인으로서는 도무지 납득할 수 없는 어려운 일이 아닐 수 없었다.

오늘날 많은 그리스도인들도 이러한 어려움을 동일하게 느끼고 있을 뿐만 아니라, 교회 진리도 그들의 마음 속에 모호한 상태로 있거나, 아니면 아예 개념조차 없는 경우도 있다. 교회를 모든 시대 전체 신자들의 총합으로 보기 때문에, 그들은 구약시대에도 교회가 존재했다고 주장하는데 아무런 어려움을 느끼지 않는다. 기독교계의 경건한 사람들조차도 흠정역의 구약성경을 소개하는 부분에서 이러한 생각을 상당 부분 할애해서 주장하고 있다. 그럼에도 하나님이 계시하시는 교회를 제대로 알려면, 우리는 에베소서에 계시되어 있는 교회 진리를 받아들여야 한다. 그리하면 우리는 즉시 교회 진리는 전적으로 새로운 계시라는 사실을 받아들일 때에만 해결되는, 이 어려움에서 벗어나게 될 것이다.

사도 바울이 계시를 통해서 받은, 이처럼 위대한 진리를 가리켜 바울은 3절에서 "비밀"이라고 불렀고, 또 4절에서는 "그리스도의 비밀"이라고 불렀다. 이렇게 비밀이란 용어를 사용함으로써, 바울은 무슨 신비스러운 개념을 소개하고자 한 것은 아니었다. 성경에서 비밀이란 말은 지금까지 비밀처럼 감추어온 무언가를 의미하며, 계시가 아니면 다른 방법으로는 결코 알 수 없지만, 계시되었을 때에는 믿음으로만 이해할 수 있는 것을 가리킨다. 사도 바울은 계속해서 설명하면서, 이 비밀은 구약시대에는 사람의 아들들에게 알려진 것이 없지만, "이제 거룩한 사도들과 선지자들에게 성령으로"(5절) 계시하심으로써 알게 되었다고 말했다.

여기서 선지자들은, 에베소서 2장 20절에서 언급하고 있는 선지자들과 더불어 구약시대의 선지자들을 가리키지 않는다. 두 경우 모두 순서를 보면 "사도들과 선지자들", 이런 순서로 되어 있지, "선지자들과 사도들", 이런 순서로 되어 있지 않다. 이로써 우리는 에베소서에서 언급하고 있는 선지자들이 구약시대의 선지자들이 아니라 신약시대의 선지자들인 것을 알 수 있다. (행 11:27, 13:1, 15:32, 21:10을 참고하라.) 더구나 사도 바울은 여기서 이전에 계시된 것과 대조하는 뜻에서 "이제(now)"라는 단어를 사용함으로써 지금 막 계시되었음을 강조하고 있는 것을 볼 수 있다.

그렇다면 이 비밀은 무엇일까? 이 비밀은 복음이 아니다. 즉 "다른 세대에서는 사람의 아들들에게 알게 하지 아니하신"(5절) 것은 복음을 가리키고 있지 않다. 복음은 다른 세대에 숨겨지지 않았다. 비록 구약성경에는 복음에 대한 풍성한 이해는 없었지만, 그럼에도 구약성경은 하나님의 은혜와 장차 오실 구주에 대한 복음과 약속으로 가득하다. 우리는 6절을 통해서, 이 새로운 계시는 이방인들이 "복음으로 말미암아 그리스도 예수 안에서 함께 후사가 되고 함께 몸의 지체가 되고 함께 하나님의 약속에 참여하는 자가 되는 것"(다비역)임을 알 수 있다. 이방인들이 유대인들과 함께 후사가 되는 것은 그리스도의 지상 왕국에서 되는 것이 아니라, 에베소서 1장에서 설명하고 있는 대로, 하늘에 있는 것들과 땅에 있는 것들 모두를 포함하는 더 큰 영역에서, 더 큰 기업에 참여함으로써 되는 것이다.

게다가 이방인 신자들은 유대인 신자들과 더불어 하늘에 머리로 계시는 그리스도와 한 몸을 이루고 있다. 뿐만 아니라 그들은 그리스도 예수 안에서 함께 하나님의 약속에 참여하고 있다. 이는 결코 이방인이 지상의 유대인 수준으로 격상된 것도 아니고, 유대인이 이방인 수준으로 격하된 것도 아니다. 둘 다 과거의 옛 지위에서 벗어났으며, 그 끝을 알 수 없을 정도로 높은 수준으로 승격되었을 뿐만 아니라, 그리스도 안에서 전적으로 새롭고 또한 하늘에 속한 자리에서 서로 하나로 연합을 이룬 것이다. 그리고 이 모든 일은, 둘 다 동일한 수준과 처지에 있었을 때, 즉 둘 다 심판 아래 있었고 또한 전적인 파멸 상태에 있었을 때, 복음이 전파됨으로써 일어나게 되었다. 이 구절에서 언급하고 있는 세 가지 위대한 사실이 에베소서 1장에 소개되어 있다. 즉 1) 그리스도 안에 예비되어 있는 약속은 에베소서 1장의 처음 일곱 구절에 소개되어 있는 모든 신령한 복을 포함하고 있다. 2) 후사로서 상속받게 될 기업에 대해선, 3-21절에서 소개되어 있다. 3) 한 몸은 22절과 23절에 소개되어 있다.

이 비밀은 간단하게 한 구절로 정의될 수 있지만, 그 안에 내포된 모든 것을 파악하려면, 그래서 이 진리의 위대함을 제대로 이해하려면, 깊이 있는 영적인 추구가 필요하다. 누군가 이런 말을 했다.

"영적으로 무딘 그리스도인들이 하나님의 계획의 거대함을 이해한다는 것은 참으로 놀라운 일이다. … 일반적으로 우리는 성경에서 정한 그리스도인의 삶의 거대한 원리들을 파악하려고 하기 보다는 우리 삶 속에 부대끼는 자잘한 것들에 더 매달리는 성향이 있다."

이 비밀을 묵상해보면, 우리는 아버지의 마음 속에 품었던 그 영원한 경륜에 속한 씨앗과도 같은 원천을 알아보려면 세상의 기초가 놓이기 이전으로 돌아갈 수밖에 없음을 깨닫게 된다. 거기서 모든 것이 하나님의 선하신 뜻을 따라서 계획되었다. 그리고 하나님 안에서, 이 위대한 비밀이 여러 시대와 세대를 통과하면서 숨겨진 채로, 하나님의 섭리 속에서 그 비밀이 계시되어야 하는 때가 무르익을 때까지 보존되어왔다. 그 순간이 이르기 전까지, 위대한 사건들이 우선적으로 일어나야만 했다. 세상은 시험을 받아야 했기에, 그래서 세상이 전적으로 파멸되었음이 입증되었다. 그리스도께서 육체로 오셔야 했고, 그리스도의 구속사역이 완성되어야만 했다. 그리스도께서 죽은 자 가운데서 다시 살아나심으로써, 영광의 보좌에 앉으셔야만 했다. 그리고 마지막으로 성령께서 지상으로 강림하셔야만 했다.

지상에 오신 그리스도의 초림은 사람에 대한 최종적이고도 가장 큰 시험이었다. 사람들 가운데 거하셨고, 은혜와 진리로 충만하셨던 그리스도는 "두루 다니시며 착한 일을 행하셨다."(행 10:38) 가는 곳마다 그리스도는 온갖 질병에 시달리는 사람들을 치유하셨고, 죄와 질병과 사망에 매인 사람들, 심지어는 귀신들린 사람들을 풀어주시고자 능력을 나타내셨다. 게다가 사람들을 불쌍히 여기는 마음으로 가득하셨던 그리스도께서는 죄인들을 위해서 자신의 능력을 사용하심으로써 은혜를 베푸셨다. 결과적으로 이 모든 선한 일을 드러내는 역사는 하나님의 완벽한 선에 대한 인간의 절대적인 미움을 밝히 드러내는 것으로 작용했다. 이 일은 유대인이건 이방인이건, 인간의 완전한 파멸을 최종적으로 입증하는 것으로 결론을 냈다. 오랜 동안 기다려온 자신들의 메시아를 거절해버린 유대인들은 "가이사 외에는 우리에게 왕이 없나이다"(요 19:15)고 말함으로써 자신들의 운명에 최종적인 도장을 찍었다. 이것은 배교였다. 이방인들은 하나님이 그들의 손에 맡긴 통치를, 하나님의 아들이신 그분에게서 아무 죄도 찾을 수 없다고 선포하였음에도 불구하고(요 19:4-6) 그분을 정죄하는데 사용함으로써 자신들의 전적인 파멸을 확정했다.

십자가는 하나님의 사랑에 대한 인간의 응답이었으며, 인간이 죄인일 뿐만 아니라 그 속에 회복의 가능성이나 소망이 다 사라져버린, 완전히 파멸된 죄인이라고 하는 최종적인 결론이었다. 무슨 일이 일어났는가? 세상이 거절해버린 그리스도께서 영광 속으로 승천하셨고, 세상은 심판 아래 놓이게 되었다. 세상의 빛은 꺼져버렸고, 이제 세상은 어둠 속에 남아 있게 되었다. 생명의 주께서 죽임을 당했고, 그 결과 세상은 죽음과 사망의 굴레를 벗을 수 없게 되었다. 사망과 어둠이 온 세상을 덮고 있으며, 유대인이나 이방인이나 할 것 없이 모두가 허물과 죄로 인해서 하나님을 향해 죽은 상태로 있다.

이렇게 파멸상태에 있는 세상에 더 이상의 희망이 있을까? 세상은 파멸상태에 있는 무수히 많은 영혼들과 함께 심판 자리로 급속히 나아가고 있지 않는가? 인간은 죄와 사망 아래 일생을 종노릇하다가 영원에 대한 아무런 희망도 없이 무덤 속으로 끌려들어가고 있지 않는가? 마귀는 하나님의 목적을 방해하고, 인간을 소망 없는 상태에 가둠으로써 승리의 노래를 부르고 있지 않는가? 이제 인간에 관한한 오로지 한 가지 해답 외엔 없다. 즉 모든 사람이 파멸상태에 있으며, 거기서 스스로 돌이킬 수 있는 능력이 전혀 없다는 것이다. 십자가는 세상이 그저 죽어가고 있는 것이 아니라, 이미 죽은 상태라는 것을 확증한다. "우리가 생각건대 한 사람이 모든 사람을 대신하여 죽었은즉 모든 사람이 죽은 것이라." (고후 5:14)

하지만 이런 최대의 위기 속에서, 세상의 종말이 오고 또 그 끔찍한 죄의 역사가 죽음을 통해서 끝날 때, 그 때 하나님은 자신의 영원한 계획을 실행하실 것이고, 그 기쁘신 뜻을 따라서 일하실 것이며, 때가 되었기에 그 마음의 비밀을 공개하실 것이다. 세상은 죽어 있을지라도, 하나님은 살아 계신다. 살아계신 하나님은 자신의 계획을 따라서 일하신다. 세상은 하나님의 그리스도를 치욕스러운 십자가에 못 박았다. 하지만 하나님은 그리스도를 죽은 자 가운데서 살리셨고 영광의 보좌에 앉히셨다. 때가 되자, 바로 그 기념비적인 오순절 날에 성령께서 영화롭게 되신 그리스도에게서 보내심을 받아 세상에 강림하셨다. 땅이 혼돈하고 공허하며 흑암이 깊음 위에 있을 때, 하나님의 영이 수면 위를 운행하셨던 일은 참으로 경이로운 일이었다. 하지만 세상의 빛이 꺼지고 또 생명의 주를 죽음에 넘김으로써 폐허상태가 되어 버린 이 세상에 하나님의 영께서 오신 날은 더욱 경이로운 날이었다. 우리는 이 날에 대해서, 또 다시 "흑암이 깊음 위에 있고" 또 "하나님의 영께서 수면에 운행하시니라"고 말해야 하지 않을까? 어쨌든 하나님은 새로운 창조 역사를 시작하셨다. 하지만 죽어가는 사람을 토대로 해서 일하신 것이 아니라, "살아계신 하나님의 아들 그리스도"를 토대로 해서 새 창조의 역사를 이루신 것이다. 그래서 그리스도는 하나님의 창조의 시작이요 근본이시다(계 3:14).

배도한 유대인과 무신론에 빠진 이방인들이 어울려 사는 이 세상에서, 하나님은 허물과 죄로 죽었던 영혼들을 다시 살리시고, 하나님 은혜의 풍성함을 따라 그리스도의 피를 통해서 속량하시고 또 죄 사함을 받은 허다한 사람들을 따로 불러내는 일을 하신다. 그들을 이 파멸된 세상에서 불러내실 뿐만 아니라, 하늘에 계신 머리이신 그리스도와 그들을 한 몸으로 연합시키는 일을 하신다. 그리스도께서 세상에 속하지 아니함 같이 그들 또한 그리스도를 거절한 세상에 속하지 않을 뿐만 아니라, 그들은 부활하시고 또 높임을 받으신 그들의 머리로서 그리스도께서 앉아 계신 하늘에 속하게 된다. 더구나 그리스도께서 하나님이 창조하신 온 우주를 통치하실 때, 그리스도와 연합을 이룬 그들도 그리스도의 영광스러운 기업에, 그 기업이 하늘에 있는 것이건 땅에 있는 것이건, 참여하게 될 것이다.

그러한 것들이 다른 세대에 속한 사람의 아들들에겐 알려지지 않았지만, 이제는 그리스도의 거룩한 사도들과 선지자들에게 성령을 통해서 계시되었고, 사도 바울을 통해서 우리에게까지 전달된 큰 비밀인 것이다. 이 위대한 진리에 대해서, 사도 바울은 우리에게 자신이 이 비밀의 사역자가 되었노라고 말했다(7절). 이 말은, 이 비밀이 다른 사도들에겐 계시되지 않았다는 뜻이 아니라, 다만 자신에게 이 진리를 성도들에게 알리는 특별한 사역이 맡겨졌다는 뜻이다. 따라서 바울의 서신서에서만, 우리는 이 비밀이 소개되어 있는 것을 볼 수 있다. 하나님의 은혜는 이 사역을 바울에게 맡겼고, 하나님의 능력은 바울로 하여금 이 은혜의 선물을 사용하는데 능하게 했다. 왜냐하면 하나님의 선물들은 하나님의 능력을 통해서만 사용 가능하기 때문이다.

더욱이 사도 바울은 이 위대한 진리가 자신에게 미친 영향에 대해서 우리에게 말해준다(8절). 하나님 은혜의 지극히 광대함 속에 들어간 그는 자신이 죄인들 가운데 으뜸이라는 사실을 볼 수 있었다(딤전 1:15). 이 비밀이 계시를 통해서 열림으로써 자기 눈 앞에 활짝 펼쳐진 신령한 복의 실체를 보았던 그는 자신이 모든 성도 중에 지극히 작은 자보다 더 작은 자임을 느낄 수 있었다. 우리의 눈 앞에 열리는 영광이 광대하면 할수록, 우리 자신은 더 작게 느껴지는 법이다. 이 위대한 비밀의 지극히 광대함을 볼 수 있었던 그 사람은 자신이 모든 성도 중에 지극히 작은 자보다 더 작은 자라고 인정하는 사람이 되었다.

자신의 사역과 사명을 이루기 위해서, 사도 바울은 측량할 수 없는 그리스도의 풍성을 이방인들에게 전파했다(8절). 바울은 인간의 돌이킬 수 없는 파멸을 선언했을 뿐만 아니라, 측량할 수 없는 그리스도의 풍성과 인간의 모든 계산을 초월하는 부요, 그리고 한계가 없는 복에 대해서도 선언했다. 우리가 그리스도의 부요하심의 끝을 볼 수 없을진대, 우리는 이러한 영적 부요함을 가져다주는 신령의 복들의 한계 또한 알 수 없다.

복음을 전파하는 일은 바울 사역의 두 번째 부분에 해당되며, "영원부터 만물을 창조하신 하나님 속에 감추어졌던 비밀의 경륜이 어떠한 것을 드러내는"(9절) 일이었다. 이는 단순히 비밀에 속한 진리를 소개하는 정도에서 그치는 것이 아니라, 그 비밀이 어떻게 하나님의 손에서 경영되어 온 것인지를 밝히고, 영원부터 영원에 이르기까지 펼쳐지는 하나님의 계획이 시간 속에서 어떻게 지상에 교회를 설립하는 것으로 작용하게 되었으며 또한 세상의 시작부터 지금까지 하나님 속에 감추어 왔던 것을 공개적으로 드러냄으로써 이 비밀을 모든 사람에게 보여주는 데까지 나아가는 것이었다.

게다가 하나님은 모든 사람으로 하여금 지상에서 교회가 형성된 일에 관하여 알게 하고자 하실 뿐만 아니라, 이제 교회를 통해서 천상의 모든 존재들까지도 하나님의 각종 지혜를 알게 하는 것이 하나님의 뜻인 것을 밝히신다. 이러한 천상의 존재들은 하나님의 손을 통해서 창조가 이루어지는 것을 목격했으며 또한 창조를 통해서 나타난 하나님의 지혜를 보았기에, 그들은 기쁨으로 노래했다. 이제 교회의 형성을 지켜본 그들은 교회로 말미암아 "하나님의 각종 다양한 지혜"를 보고 있다. 창조는 창조자의 완전한 형태의 지혜의 나타남이다.

하지만 교회의 형성을 통해서, 하나님의 지혜는 다양한 측면에서 나타나게 되었다. 교회가 형성되기 이전, 하나님 영광의 정당성이 입증되어야 했고, 인간의 필요가 충족되어야 했으며, 죄가 처리되고, 사망이 폐지되고, 사탄의 권세가 무력화되어야 했다. 유대인과 이방인 사이의 장벽이 허물어져야 했고, 하늘이 열리고 그리스도께서 영광 속에 들어간 사람으로서 영광의 보좌에 앉으셔야만 했으며, 성령께서 지상으로 강림하셔야 했고, 복음이 전파되어야 했다. 이 모든 것들을 포함해서 더 많은 것들이 교회가 형성되는 일에 포함되었으며, 이렇게 다양한 것들의 종착역은 하나님의 각양 지혜가 나타남으로써만 도달할 수 있었다. 하나님의 지혜가 나타나는 것은 한 방향으로 나타날 뿐만 아니라, 모든 방향으로 나타날 필요가 있었다. 따라서 지상에 세워진 교회는 그 자체로 하늘에 있는 존재들과 모든 천사들을 교훈하는 책이 되었다. 책임의 측면에서 교회의 실패가 있을지라도, 교회를 통해서 천사들이 영적인 교훈을 배운다는 사실에는 변함이 없다. 반대로, 인간의 모든 실패 위로 경이로운 지혜가 높이 솟아오르게 해줄 뿐만 아니라, 모든 장애물을 극복하게 함으로써, 마침내 교회로 하여금 "영원부터 우리 주 그리스도 예수 안에서 예정하신 뜻대로"(11절) 영광에 들어가도록 해줄 것이다.

이제 에베소서 3장 12,13절을 보자. "우리가 그 안에서 그를 믿음으로 말미암아 담대함과 확신을 가지고 하나님께 나아감을 얻느니라 그러므로 너희에게 구하노니 너희를 위한 나의 여러 환난에 대하여 낙심하지 말라 이는 너희의 영광이니라." 이 구절을 통해서 사도 바울은 비밀을 열어주는데서 더 나아가, 그 비밀이 가지고 있는 실제적 효과를 설명하고자 간략한 말씀을 첨언하는 것으로 나아간다. 이렇게 경이로운 내용들은, 다윗이 여호와를 위하여 건축할 성전을 보고 "극히 웅장하다"(대상 22:5)라고 표현한 것처럼 충분히 감탄할만 하지만, 그럼에도 그저 감탄만하도록 우리 앞에 펼쳐놓은 것은 아니다. 이 비밀은 극히 실제적일 뿐만 아니라, 이 두 구절 속에 담긴 비밀의 효과는 우리가 바르게 이해하고 실천할 수만 있다면 우리 삶에 강력한 효과를 미칠 것이다. 이 진리는 하나님의 세계를 우리의 집으로 만들어주며, 우리를 인간 세상 밖으로 나아가게 만든다.

요한복음 9장을 보면, 소경이 유대 종교 세계에서 쫓겨났을 때에야 비로소 그는 하나님의 아들의 임재 가운데 설 수 있었다. 마찬가지로 바울은 하늘에 있는 궁전에 나아감을 얻게 되었지만(12절), 그는 지상에 있는 감옥에 갇힌 신세가 되었다(13절). 이 모든 영원한 목적을 이루실 한 분은 그리스도 예수이시며, 그리스도 예수는 우리가 믿음으로 아버지께 나아가게 해주시는 유일하신 분이시다. 그리스도 안에서 우리가 만일 하나님 앞에서, 사랑 안에서, 거룩하고, 흠이 없이 세워지기만 한다면, 그렇다면 우리는 그리스도 안에서 거룩한 담대함과 확신을 가지고 아버지께 나아갈 수 있을 것이다. 이렇게 위대한 진리는 아버지의 임재를 우리의 집처럼 느끼게 해준다. 하지만 세상에서 이 진리는 우리를 환난으로 들어가게 해줄 것이다. 바울은 이것을 경험했음에도, "나의 여러 환난에 대하여 낙심하지 말라"(13절)고 말했다.

비밀의 진리를 받아들이고, 또 그 진리의 빛 가운데서 행하는 것은, 즉시 우리를 이 세상의 궤도 밖으로 나가도록 할 뿐만 아니라, 무엇보다 이 세상의 종교 밖으로 나가도록 작용한다. 이 진리를 따라서 행동해보라. 그리하면 우리는 즉시 종교로서 기독교를 포함하여, 이 세상 모든 종교와 충돌을 일으킬 것이다. 세상과의 충돌이 바울에게 일어났듯이, 우리에게도 일어날 것이다. 바울은 끊임없는 싸움 속에 휘말렸고, 특별히 유대주의자들의 공격을 받았다.

그럴 수밖에 없는 것이, 이렇게 위대한 진리들은 사람이 만든 모든 종교 시스템의 세상적인 기반을 전적으로 약화시키는 것으로 작용한다. 바울이 모든 사람 앞에 밝히 드러내고자 애썼던 복음의 진리와 더불어, 과연 이 비밀의 진리가 기독교계의 강단에서, 성결 세미나에서, 심지어 복음주의 대회들에게 선포되고 있는가? 사람의 전적인 타락, 세상의 전적인 그리스도의 거절, 그리스도의 영광에 들어가심, 신자의 세상으로부터 분리, 하늘의 부르심을 받은 성도 등 기독교의 근본적인 진리들을 내포하고 있는 이 비밀의 진리, 이처럼 위대한 진리가 과연 국교회들과 다양한 기독교계의 교단에서 선포되고 있으며, 그 진리 대로 실행되고 있는가? 그렇지 않다. 이처럼 귀한 진리는 그들의 신경(信經, creeds) 속에, 그들의 기도 속에, 그들의 가르침 속에 없다. 더욱 좋지 않은 것은, 그들의 헌법과 그들의 신학과 그들의 실행에 의해서 이처럼 보배로운 진리가 부인되고 있다는 점이다.

기독교계의 상황이 이럴지라도, 우리에겐 비밀스런 자원이 있다. 즉 기도다. 우리는 언제라도 영적인 기도를 할 수 있다. 이 두 구절(12,13절)은 자연스럽게 에베소서 3장 말미에 기록된 사도 바울의 기도로 우리를 이끌어준다. 담대함과 확신이 있다면, 우리는 기도

할 수 있다. 우리가 여러 가지 환난을 만난다면, 그때 우리는 기도해야 한다. 그런즉 바울이 이 비밀의 진리를 증거하도록 이 특별한 사역을 맡았을 때, 이 사역이 그를 환난에 처하게 했으며, 바울은 감옥에 갇혔고 그에겐 아무 것도 남은 것이 없었지만, 그럼에도 그때 그에겐 유일하게 남은 한 가지 영적 자원이 있었는데, 그것은 바로 우리 주 예수 그리스도의 아버지께 무릎을 꿇고 기도하는 것이었다.

에베소서 1장에 있는 기도는 "우리 주 예수 그리스도의 하나님"께 올리는 기도였다. 거기서 그리스도는 하나님과의 관계에서 인자로 제시되어 있으며, 만물 위에 계신 그리스도를 통해서 우리는 우리 기업이 그 끝 모를 영광의 광대함 가운데 펼쳐져 있는 것을 내려다본다. 하지만 여기 에베소서 3장의 기도는 "우리 주 예수 그리스도의 아버지"께 올려지고 있고, 그리스도는 아버지와의 관계에서 아들로 제시되어 있으며, 기업을 내려다보는 대신 우리는 거룩한 삼위 하나님을 올려다보고 있다.

첫 번째 기도에서 간구의 내용은, 우리로 하여금 하나님의 부르심의 소망과 하나님의 기업의 영광, 그리고 하나님의 능력의 지극 큰 것을 알게 해달라는 것이었다. 하지만 여기서의 기도는 우리를 부르신 하나님의 부르심을 넘어서, 기업문제를 초월하여, 능력 보다 더 큰 것으로 이끌고 간다. 여기서 사도 바울이 기도하는 것은, 우리가 부르심의 소망을 아는 정도가 아니라 우리를 부르신 분, 즉 그리스도께서 우리 마음에 거하시도록 하는 것이기 때문이다. 진정 그리스도께서 우리 마음에 거하시면, 이로써 우리는 하나님의 기업의 풍성을 알게 되고, 게다가 하나님의 충만을 알게 될 것이다. 게다가 우리는 하나님의 지극히 큰 능력을 알게 될 뿐만 아니라, 지식을 초월하는 그리스도의 사랑 또한 알게 될 것이다.

이러한 간구들이 응답되도록, 사도 바울은 속 사람 속에 거하시는 성령의 특별한 역사가 일어나도록 기도한다. 첫 번째 기도에선, 우리에게 향한 하나님의 능력이 지극히 큰 것을 알게 해달라는 것이었다(엡 1:19). 여기 기도에선 그 능력이 우리 속에서 역동적으로 일하고 역사하게 해달라는 것이다. 첫 번째 기도에선, 기업을 볼 수 있도록 마음 눈이 밝아지는 것이었다(엡 1:18). 여기 기도에선, 마음 속에 거하시는 성령의 역사를 통해서 그리스도의 사랑을 이해하는 것이다. 하나님의 깊은 것들로 들어가려면, 우리는 사랑 가운데서 뿌리가 박히고 터가 굳어져야 한다. 다양한 교단 신학의 가르침에 뿌리가 박히고 터가 굳어지는 일은 하나님의 비밀을 배우는데 아무 소용이 없다.

여기서 우리는 인간의 지혜 너머에 있는 초월적인 영역을 느낄 수 있다. 우리는 지금 사람이 눈으로 보지 못하고, 귀로 듣지 못하고, 사람의 마음으로 생각하지도 못한 것들을 접촉하고 있다. 이러한 것들은 하나님만이 감지하실 수 있는 것들이지만, 성령을 통해서 우리의 정서에 전달된다. 따라서 그리스도께서 믿음에 의해서 우리 마음에 거하시고, 또 우리가 사랑 안에서 뿌리가 박히고 터가 굳어질 때, 그때 우리는 모든 성도와 함께 지식에 넘치는 그리스도의 사랑을 알되, 그 너비와 길이와 높이와 깊이를 이해하게 된다. 사도 바울은 이러한 용어들이 정확하게 무엇을 의미하는지 언급하지는 않았지만, 바울은 오랜 동안 감추어진 하나님의 영원한 경륜을 보고 또 마침내 비밀을 밝히 드러내지 않았는가? 이 비밀은 충분히 이해할 수 있는 것이긴 하지만, 우리의 지식을 초월하는 것도 있다. 그것은 바로 그리스도의 사랑이다. 그리스도의 사랑은 우리가 온전히 기뻐하고 또 누릴 수 있는 것이긴 하지만, 그 깊이를 헤아리거나 또는 그 끝을 결코 알 수 없다.

여기서 우리는 끝없이 펼쳐진 바다, 그 깊이를 헤아릴 길이 없는 사랑의 대양(大洋)으로 나오게 된다. 이러한 그리스도의 사랑을 아는 지식 안에서 우리는 하나님의 모든 충만으로 충만해지는 것을 경험하게 될 것이다. "하나님의 충만"이란 하나님으로 충만해지는 것을 의미한다. 그리스도는 하나님의 충만이다. 그래서 성경은 "그 안에는 신성의 모든 충만이 육체로 거하시고"(골 2:9)라고 말한다. 교회는 그리스도의 충만이다. 그래서 "교회는 … 만물 안에서 만물을 충만케 하시는 이의 충만함이니라"(엡 1:23)고 말한다. 오직 하나님만이 우리 마음을 그리스도의 사랑을 아는 지식으로 이끌어주며 또한 우리를 하나님의 충만으로 충만하게 하실 수 있다. 왜냐하면 하나님은 우리 속에서 역사하시는 능력을 따라, 우리가 구하거나 생각하는 모든 것에 더 넘치도록 하실 수 있는 분이시기 때문이다.

이런 일은 그저 우리를 위해서 외부에서 진행되는 일이 아니다. 물론 그것이 사실이긴 하지만, 그 보다는 우리 속에서 진행되는 일이다. 사도 바울은 여기서 우리가 처한 환경과 매일의 필요와 하나님의 자비하심이 우리를 위해서 할 수 있는 일에 대해서 말하고 있지 않다. 그보다는 우리 속에서 진행되는 영적인 역사를 통해서 하나님이 우리의 영혼을 인도하시는 저 광대한 우주적인 복에 대해서 말하고 있다. 많은 사람들은 에베소서 3장 20절을 "우리가 구하고 생각할 수 있는 모든 것에 더 넘치도록(above all that we can ask or think)"이라고 잘못 인용하고 있지만, 사도 바울은 여기서 "우리가 구하고 생각하는 모든 것에 더 넘치도록(above all that we ask or think)"이라고 말하고 있다. 누군가 이에 대해 이렇게 언급했다.

> "우리가 구하고 생각하는 것과 우리가 구하고 생각할 수 있는 것 사이엔 엄청난 차이가 있다. 우리가 구할 수 있는 것에는 한계가 없기 때문이다."

따라서 우리는 하나님이 성도들의 복과 자신의 영광을 위해서 성도들 속에서 하실 수 있는 일에 무슨 한계가 있는 것처럼 생각해선 안된다.

  이러한 하나님의 역사를 생각하자, 사도 바울의 마음 속에선 가슴 벅찬 찬송이 터져 나왔다.

  "교회 안에서와 그리스도 예수 안에서 영광이 대대로 영원무궁하기를 원하노라 아멘."

  때가 찬 비밀의 사역을 하는 것이 바울이 가졌던 최고의 특권이었지만, 바울은 그것을 세세무궁토록 하나님의 영광으로 돌렸다. 이 비밀은 세상의 기초를 놓기 이전, 영원 과거 속에서 계획되었던 것이지만, 장차 세상이 더 이상 존재하지 않게 되었을 때에도, 그 영원 미래 속에서도 하나님의 영광을 위해서 여전히 존재할 것이다.

The Church as the House of God
According to the Mind of God

제 6 장 하나님이 마음에 정하신 하나님의 집으로서의 교회

신약성경에 소개된 교회에는 두 가지 측면이 있다. 하나는 그리스도의 몸으로서의 교회이고, 다른 하나는 하나님의 집으로서의 교회이다.

교회가 그리스도의 몸으로 나타날 때, 교회는 지상에 있는 모든 신자들이 한 몸으로 구성되며 또한 성령 세례에 의해서 하늘에 있는 머리되신 분과 연합을 이룬다(고전 12:12,13, 골 1:18). 교회가 하나님의 마음에 합한 하나님의 집으로 나타날 때, 교회는 유대인 신자들과 이방인 신자들이 성령으로 말미암아 하나님의 거하실 처소로 함께 지어진다(엡 2:22).

한 몸은 교회의 하늘에 속한 측면을 나타낸다. 신자들은 하늘에 계신 그리스도, 몸의 머리이신 그리스도와 연합을 이루고 있기 때문에, 하늘에 속한 백성들을 이룬다. 반면 하나님의 집은 항상 교회를 지상에 속한 측면으로 나타낸다.

한 몸의 형성과 유지는 사람의 책임 밖에 있다. 그래서 한 몸에 속하는 일에 인간이 할 수 있는 일은 없다. 모든 신자들은 한 몸의 진리를 유지하고 또 그 진리의 빛을 따라서 행해야 할 책임이 있다는 것은 사실이긴 하지만, 우리는 이 점에서 크게 실패하고 있다는 것 또한 사실이다. 그럼에도 한 몸 자체는 참 신자들로만 이루어지며, 성령에 의해서 형성된다. 반면 하나님의 집은 인간의 책임에 맡겨졌으며, 언제나 그렇듯이 인간은 허무는 일을 하고 있다. 게다가 아무 가치 없는 재료, 즉 나무나 짚이나 풀과 같은 것으로 하나님의 집을 건축하는데 사용함으로써, 사도 베드로가 엄중하게 선언한 대로, "하나님의 집에서 심판"(벧전 4:17)이 시작되는 그 심판을 향해 내달리고 있다.

어쨌든 하나님의 집과 연결된 우리의 책임에 대한 개념을 소개하고, 또 과연 우리는 이러한 책임을 감당하는 일에 있어서 어느 정도나 실패하고 있는지를 살펴보기 전에, 하나님께서 본래 그 마음에 정하신 하나님의 집의 개념이 무엇인지를 우리 마음 속에 새겨두는 것이 필요하다. 이렇게 하려면, 우리는 하나님의 말씀으로 돌아가야 한다. 부패한 기독교 세계에서 지상에 하나님의 집을 세우려는 거룩한 건축자의 본래 목적을 배우는 것은 불가능한 일이기 때문이다.

성경으로 돌아가면, 우리는 즉시 하나님의 집이란 개념이 구약성경과 신약성경 모두에서 소개되고 있다는 사실에 직면하게 된다. 처음 언급한 곳은 창세기 28장이며, 마지막으로 언급한 곳은 요한계시록 21장이다. 성경의 처음 책부터 마지막 책에 이르기까지 시간 속에서, 처음 창조의 때로부터 영원한 세계의 새 하늘과 새 땅에 이르기까지 하나님의 집은 하나님의 마음에서 변치 않는 주제들 가운데 하나다.

하나님의 집을 형성하는 일은 시대마다 다른 모습으로 나타났다. 구약시대에, 하나님의 집은 여러 가지 널판과 조각목과 천으로 만들었고, 나중에는 각종 돌조각으로 만들었다. 오늘날 신약시대에 하나님이 지으시는 집은 "산 돌들"로 지어진다. 그 건축하는 방법은 다양하지만, 집의 목적은 여전히 동일하다. 그 모양이 어떠하든지, 그 목적은 하나님이 거하실 처소를 만드는 것이다. 솔로몬은 "내가 주를 위하여 거하실 성전을 건축하였사오니 주께서 영원히 계실 처소로소이다"(대하 6:2)라는 말로 이런 생각을 표현했다. 하나님은 그 마음의 만족을 위하여, 사람들 가운데 거하시기로 결정하셨던 것이다.

어쨌든 하나님의 집에는 반드시 갖추어야 할 특징이 있다. 모양이 어떠하든지, 필수적으로 하나님에게 합당한 것이어야만 한다. 디모데전서는 특별히 하나님의 집에서 어떻게 행해야 하는지를 우리에게 교훈하기 위해서 기록되었다(딤전 3:15). 합당한 행동과 처신을 하려면, 우리는 반드시 하나님의 집을 이루는 주요한 특징이 무엇인지를 알아야 한다.

거룩이 그 첫 번째 주요한 특징이다. 시편 93장 5절을 보면, "거룩함이 주의 집에 합당하니 여호와는 영원무궁하시리이다"는 말씀을 볼 수 있다. 게다가 에스겔서 43장 12절을 보자. "이것이 하나님 집의 법이라. 산 꼭대기 지점의 주위는 지극히 거룩하리라. 보라 이것이 하나님 집의 법이니라."(KJV 직역) 그렇다. 거룩이 하나님 집의 첫 번째 법이다. 이 사실과 조화를 이루듯 디모데는 사도 바울로부터, 하나님의 집을 이루고 있는 사람들에게 "청결한 마음과 선한 양심과 거짓이 없는 믿음에서 나오는 사랑"을 유지할 것과 "기타 바른 교훈을 거스르는" 모든 것을 거절하도록 엄히 가르치라는 명령을 받았다(딤전 1:5-10).

뿐만 아니라 하나님의 집은 반드시 하나님을 의지하는 특징을 유지해야 한다. 따라서 기도가 중요한 자리를 차지한다. 왜냐하면 기도는 하나님을 의지하는 모습을 그대로 표현하고 있기 때문이다. 따라서 우리는 "그러므로 각처에서 남자들이 분노와 다툼이 없이 거룩한 손을 들어 기도하기를 원하노라"(딤전 2:8)는 구절을 볼 수 있다. 하나님의 집에 있는 모든 사람은, 기도를 통해서 하나님의 집에 거하시는 하나님을 의지해야 한다.

게다가 또 다른 주요한 특징이 있는데, 그것은 권위에 대한 복종이다. 하나님의 집에서 모든 여자는 복종을 배워야 하며 또한 남자에게 주어진 지도력을 빼앗지 않도록 해야 한다(딤전 2:11,12). 그리고 마지막으로 하나님의 집은 감독을 받고 또 돌봄을 받는 특징이 나타나야 한다. 감독이 영혼들의 영적인 복지에 대한 것이라면(딤전 3:1-7), 돌봄은 사람들의 육체적인 필요를 채우는 것에 대한 것이다(딤전 3:8-13).

세상은 거룩성이 없고, 독립적인 성향이 강하고, 권위에 대한 저항이 심하며, 영적인 감독 역할을 하는 사람도 없고, 사람의 몸의 필요를 적절히 돌보는 일도 없다. 하지만 하나님의 집에선 전적으로 다른 모습이 나타나야 한다. 거기엔 하나님의 마음에 합당한 거룩이 유지되어야 하며, 모든 사람이 하나님을 의지해야 하며, 모든 사람이 하나님이 세우신 권위에 복종해야 하고, 영혼들은 영적인 주림이 충족되어야 하며, 또한 몸의 필요도 공급되어야 한다.

이상의 것들이 하나님의 집의 주요한 특징들이다. 즉 거룩, 의존,

복종, 감독, 그리고 돌봄이다. 더욱이 이러한 특징들은 하나님의 집에 대한 하나님의 목적을 이루는 일에 있어서 절대적인 요소들임을 잊지 말아야 한다.

그렇다면 하나님께서 사람들 가운데 거하고자 하시는 가장 위대한 목적은 무엇인가? 첫 번째, 만일 하나님께서 사람들 가운데 거처를 정하신다면, 그것은 하나님이 사람들에게 복을 주시는 분으로 알려지길 원하시기 때문이다. 두 번째, 만일 사람이 복을 받는다면, 그것은 하나님이 찬송을 받으시길 바라시기 때문이다. 이 두 가지가 하나님의 집과 연결된 두 가지 주요한 목적이다. 이로써 하나님은, 사람들이 하나님을 찬송하고 싶어지도록 사람에게 복을 주시는 분으로 알려지길 바라신다.

하나님의 목적을 이루는 측면에서 생각해볼 때, 하나님의 집에 참여하는 사람들의 특권과 책임은 하나님을 드러나게 하고 또 하나님을 찬송하게 하려는 것임이 분명해진다. 이렇게 중요한 원리들은 성경에서 최초로 하나님의 집을 언급하고 있는 창세기 28장 10-22절에서 매우 아름답게 그려져 있다. 거기서 집 없이 떠도는 방랑자였던 야곱은 하나님의 집에 대한 환상을 보았고, 거기엔 하나님의 집과 연결된 하나님의 목적과 인간의 책임이 우리 앞에 펼쳐져 있다. 하나님은 야곱에게 자신을 주권적인 은혜로 인간에게 복을 주시는 분으로 계시하셨다. 그리고 하나님은 "땅의 모든 족속이 너와

네 자손으로 말미암아 복을 받으리라"(14절)라고 말씀하셨다. 더욱이 하나님이 약속하신 것을 친히 이루실 것을 알리셨다. 하나님은 자신이 하신 말씀을 신실하게 이루실 것이다. 하나님은 "내가 네게 허락한 것을 다 이루기까지 너를 떠나지 아니하리라"(15절)고 말씀하셨다. 우리의 입장에서 볼 때, 우리에겐 인간의 이중적인 책임이 있다. 야곱은 "이것은 다름 아닌 하나님의 집이요 이는 하늘의 문이로다"고 말했다. 그리고 나서 그는 "돌을 가져다가 기둥으로 세우고 그 위에 기름을"(18절) 부었다.

문은 하늘로 들어가는 입구를 의미한다. 문을 통해서 우리는 하늘과 연결될 뿐만 아니라 우리의 찬송과 기도를 하늘로 올려 보낼 수 있다. 그리고 이 문은 땅 밖의 어느 영역에 있는 것이 아니다. 하늘의 문은 항상 땅에 있다. 여기 우리가 이 땅에 있는 동안 언제라도 문을 사용할 수 있으려면 땅에 있어야 하기 때문이다.

야곱이 라반과 결별하는 이야기를 통해서 볼 때, 기둥은 증거를 의미한다.

"라반이 또 야곱에게 이르되 내가 나와 너 사이에 둔 이 무더기를 보라 또 이 기둥을 보라 이 무더기가 증거가 되고 이 기둥이 증거가 되나니."(창 31:51,52).

그렇다면 우리에겐 집과 연결되어 있는 이중적인 책임이 있다. 하나는 기도와 찬송을 통해서 하나님께 나아가야 할 책임이고, 다른 하나는 하나님을 위한 증인이 되어 사람에게 나아가야 하는 책임이다. 여기서 증인의 책임을 다하려면, 성령의 능력을 의지해야 한다. 그래서 기둥을 세우고, 그 위에 기름을 부었던 것이다.

역대하 6장으로 가보자. 우리는 솔로몬 왕이 건축한 하나님의 집을 봉헌하는 봉헌식에서 또 다시 하나님의 목적과 인간의 책임이 제시되어 있는 것을 볼 수 있다. 우선 우리는 하나님의 집이 하나님께서 사람에게 복을 주시는 장소라는 것을 보게 된다. 사람을 향해 하나님의 태도를 대표하는 일을 했던 왕은 "얼굴을 돌려 이스라엘 온 회중을 위하여 축복했다."(3절) 더욱이 왕은 하나님께서 말씀하신 바에 대해서 신실하게 응답하셨다고 증거하는 말을 했다.

"이스라엘 하나님 여호와를 송축할지로다 여호와께서 그의 입으로 내 아버지 다윗에게 말씀하신 것을 이제 그의 손으로 이루셨도다."(4,10,15절).

그리고 나서 인간의 책임과 특권의 측면에서, 우리는 솔로몬의 성전이 하늘의 문이 된 것을 볼 수 있다. 아홉 번에 걸쳐 왕은 이 성전을 향해 올리는 기도가 하늘에서 응답되게 해달라고 간구한다. 그렇다면 이 하나님의 집은 하늘로 들어가는 문이 되는 것이다(21-40절). 마지막으로 솔로몬이 지은 집은, 야곱의 기둥처럼 땅의 모든 나라들 가운데서 하나님을 증거하는 증인이 되도록 건축되었다. 그래서 그는 "땅의 만민이 주의 이름을 알고 주의 백성 이스라엘처럼 경외하게 하시오며 또 내가 건축한 이 성전을 주의 이름으로 일컫는 줄을 알게 하옵소서"(33절)라고 간구했다.

신약성경으로 오게 되면, 우리는 베드로전서에서 하나님의 집의 형태는 변경되었지만, 그럼에도 하나님의 집과 연결된 하나님의 목적과 사람의 책임은 그대로 인 것을 볼 수 있다. 신약시대에 하나님의 집은 더 이상 죽은 돌들로 건축된 물질적인 집이 아니라, 산 돌들로 건축된 영적인 집이다. 그래서 사도 베드로는 "너희도 산 돌 같이 신령한 집으로 세워졌음이라"(벧전 2:5)고 말했다.

베드로전서 1장에서, 우리는 이 집을 구성하고 있는 사람들이 하나님이 주권적인 뜻대로 복을 받는 대상이란 사실을 배운다. 그래서 우리는 "우리 주 예수 그리스도의 아버지 하나님을 찬송하리로다 그의 많으신 긍휼대로 우리를 거듭나게 하사 예수 그리스도를 죽은 자 가운데서 부활하게 하심으로 말미암아 산 소망에 이르게 하셨고, 썩지 않고 더럽지 않고 쇠하지 아니하는 유업을 잇게 하셨으니 곧 너희를 위하여 하늘에 간직하신 것이라"(3,4절, KJV 직역)는 구절을 볼 수 있다. 우리는 여기서 더 나아가 이러한 복이 "세세토록 있는" "주의 말씀"에 의해서 안전하게 지켜지고 있다는 사실을 배운다. 2장으로 넘어가면, 우리는 하나님의 집과 연결되어 있는 우리의 특권과 책임을 볼 수 있다.

한편으로 우리는 "예수 그리스도로 말미암아 하나님이 기쁘게 받으실 신령한 제사를"(5절) 드리고자 함께 지어졌다. 또 다른 한편으로 우리는 사람 앞에서, 우리를 "어두운 데서 불러내어 그의 기이한 빛에 들어가게 하신" 하나님의 "아름다운 덕을 선포" 해야 한다(9절). 여기서 우리는 다시 한 번 "하늘의 문"과 기름을 부은 "기둥"을 볼 수 있다. 우리는 찬송과 기도를 드리기 위해 하나님께 가까이 나아가야 한다. 우리는 하나님의 탁월하심의 증인으로서 사람들에게 가까이 나아가야 한다.

마지막으로 우리는 이런 질문을 할 수 있다. 즉 언제부터 신약시대의 하나님의 집은 존재하게 되었는가? 성경은 이에 대해 매우 명확하게 대답한다. 구속(救贖)의 역사가 완성되기 이전엔 존재할 수 없었다. 하나님께서 찬송하는 백성들 가운데 오시려면, 먼저 그리스도께서 사망의 어둠 속으로, 십자가의 버림받음 속으로 들어가셔야만 했다. 우리는 십자가에서 "나의 하나님, 나의 하나님, 어찌하여 나를 버리셨나이까?"라고 부르짖는 소리를 듣는다. 그리고 그 부르짖는 소리를 내신 분만이 "이스라엘의 찬송 중에 계시는 주여 주는 거룩하시나이다"(시 22:3)라는 대답을 낼 수 있다. 거룩하신 하나님이 찬송하는 백성들 가운데 거하시려면, 먼저 그리스도께서 죽음 속으로 들어가심으로써 하나의 백성을 구속하는 일을 완성하셔야만 했다.

이미 살펴본 대로, 야곱은 하나님의 집에 대해 말할 수 있었지만,

구속이 완성되기 전까지 하나님은 이스라엘의 자손 가운데 거하신다고 말할 수 없었다(출 29:45을 보라). 하나님은 무죄한 아담과도 함께 거하실 수 없으셨고, 신실한 아브라함과도 함께 거하실 수 없으셨다. 하나님은 그저 동산 가운데를 거니셨으며, 아브라함을 방문하실 뿐이었다. 인간의 무죄상태도, 인간의 신실함도 하나님을 위한 거처를 마련하는 일을 해내기에 적합하지 못했다. 단지 무죄성만으로는 하나님의 집에 적합하지 않으며, 인간의 신실함도 그 무죄성을 상실했기 때문에 하나님의 집을 세울 수 없다. 하나님께서 사람들 가운데 거하시는 일은 구속의 결과이며 열매다. 왜냐하면 구속을 통해서만 신자는 하나님에게 적합한 존재가 되며, 구속 안에서만 거룩하신 하나님께서 인간에게 가까이 오실 수 있기 때문이다. 하나님의 집, 곧 살아계신 하나님의 교회는 구속이 완성되기 이전에는 존재할 수 없었다는 점은 아주 분명하다. 오순절 날, 예루살렘에서 제자들이 다 같이 한 자리에 모였을 때 성령께서 강림하셨고, "그들이 앉은 온 집에 가득했으며" 또 "그들이 다 성령의 충만함을 받았다."(행 2:1-4) 이로써 이 당시 흩어져 있던 하나님의 백성들은 하나님이 거하실 처소로 함께 지어지게 되었고, 하나님은 그 집에 자신의 거처를 정하셨던 것이다.

> The Church as the House of God
> in the Hands of Men

제 7장 사람의 손에 맡겨진 하나님의 집으로서의 교회

지난 장에서 우리는 성경에 계시된, 하나님의 마음에서 정한 하나님의 집에 관한 진리를 배울 수 있었다. 게다가 사람들 가운데 거하시려는 하나님의 목적과 하나님의 거처와 연결된 사람의 책임에 대해서 살펴보았다.

이제 우리가 물어야 하는 질문은 이것이다. 과연 인간은 자신의 책임을 다했는가? 슬픈 사실이지만, 과거 여러 세대의 역사는 인간이 예외 없이 책임을 감당하지 못했음을 보여주고 있다. 특권이 많을수록 책임은 더 컸고, 실패는 더 비참했다. 지상에 하나님의 집으로서 세워진 교회와 연결된 인간의 실패만큼 완전한 실패는 없을 정도였다.

이러한 실패의 정도를 정확히 파악하려면, 하나님의 본래 계획을 따른 하나님의 집에 대한 정확한 개념을 알 필요가 있다. 구약시대 이스라엘 자손들이 포로상태에 있을 때, 왜냐하면 하나님의 집의 거룩성을 유지하는데 실패했기 때문에, 에스겔 선지자는 "이 성전을 이스라엘 족속에게 보여서 그들이 자기의 죄악을 부끄러워하고 그 형상을 측량하게 하라"(겔 43:10)는 말씀을 들었다. 이 일은 그들이 본래 하나님이 정하신 원칙으로부터 얼마나 멀어졌는지를 깨달을 때에만 가능한 일이었다.

야곱의 역사를 통해서 살펴본 것처럼, 하나님의 집과 연결된 인간의 책임은 "문"과 "기둥"을 통해서 소개되었다. 하늘의 문은 하나님을 향하고 있음과 기도와 찬송을 통해서 하나님께 가까이 나아가야 하는 우리의 특권과 책임을 의미했다. 기름을 부은 기둥은 사람을 향하고 있음과 사람들 앞에서 하나님의 참 증인으로서의 사명을 감당해야 하는 우리의 책임을 의미했다. 하지만 우리는 양쪽 모두에서 실패했다. 우리는 하늘의 문을 제대로 사용하지 못했고, 결과적으로 우리는 우리의 기둥을 세우지 못했다. 우리는 기도를 통해서 하나님을 의지하는 일에 실패했으며, 따라서 사람들 앞에서 증거하는 일에도 실패했다.

더욱이 하나님의 집이 하나님을 진실하게 표현하는 일을 제대로 하려면 거기엔 반드시 하나님의 집의 중요한 특징이 유지될 필요가 있었다. 하나님의 집의 모든 특징들은 하나님의 모습을 그대로 표현해주는 것이어야 하기 때문이다. 따라서 하나님의 집에서, 하나님의 진실하신 모습이 드러나기 위해선 무엇보다 거룩성이 유지되어야만 한다. 거기엔 "기도"가 모든 사람들을 위해서 드려져야 했다. 왜냐하면 기도는 모든 사람이 구원받기를 바라시는 하나님의 마음을 표현하는 것이기 때문이다. 여자들은 단정함과 "선행"으로 자신을 꾸며야 했다. 왜냐하면 선행을 통해서 사람을 향한 하나님의 선하심이 나타날 수 있기 때문이다. 마찬가지로 하나님의 집은 영혼들을 돌보고, 사람들의 육체적인 필요들을 공급해주는 일이 나타나야 한다. 이를 통해서 사람들의 복지를 염려하시는 하나님의 마음이 나타날 수 있기 때문이다.

마지막으로 하나님의 집은 경건의 모습이 나타나야 한다(딤전 3:14-16). 경건한 행실보다 하나님의 집에 어울리는 것은 없다. 하나님의 집의 위대한 목적이 하나님을 표현하는 데 있음을 진정으로 보았다면, 경건성이 우리 삶에 자리를 잡음으로써 하나님의 모습이 나타나는 것이 우선시 되어야 할 것이 분명해졌을 것이다. 이것은 우리의 독실함에 달린 일도 아니고, 단지 다른 사람들에게서 칭찬

을 받는 삶 또는 다른 사람들에게 자비를 베푸는 삶을 가리키는 것
도 아니다. 그런 것은 거듭난 일이 없는 자연인에게서도 얼마든지
나올 수 있다. 경건한 삶이란 실제적으로 하나님을 경외하는 삶이
며, 우리 삶을 통해서 하나님이 그대로 드러나는 삶이다. 이런 삶을
살 수 있는 비결은 그리스도를 통해서 나타난 경건성을 우리 영혼
앞에 완전한 표본으로 삼는데 있다. 따라서 디모데전서 3장의 마지
막 몇 개의 구절을 보면, 사도 바울은 성육신으로부터 시작해서 승
천에 이르기까지 그리스도의 삶을 놀라운 방식으로 요약해서 우리
앞에 제시해주고 있는데, 하나님의 영께서는 그 삶에 나타난 몇 가
지 위대한 사실들이 하나님을 그대로 드러내고 있음을 강조하는 것
을 볼 수 있다. 하나님이 육체로 나타나셨고, 천사들에게 보이셨으
며, 이방인들에게 전파되셨고, 세상에서 믿은 바 되셨으며, 영광 가
운데서 승천하셨다는 것은 모두 하나님의 마음을 사람에게 그대로
소개하는 내용들이다. 따라서 우리는 그리스도 안에서 경건한 삶
또는 하나님을 표현하는 삶의 비결을 배울 수 있다.

　만일 교회가 살아계신 하나님의 집으로서 하나님의 집의 원리에
충실하기만 한다면, 얼마나 경이로운 모습으로 세상 앞에 하나님을
그대로 표현해낼 수 있을 것인가! 그렇게만 된다면 세상은 거룩성
과 하나님을 의지하는 모습과 권위에 복종하고, 선행을 실천하며,
몸과 영혼의 돌보심을 받고 있는 모습을 특징으로 하고 있는 사람

들의 무리를 친히 눈으로 목격하게 될 것이다. 세상 사람들은 이 타락한 세상에 만연되어 있는 모습과는 전적으로 다른 원리를 따라 사는 사람들, 세상의 가치관 보다 훨씬 뛰어난 가치관을 가지고 살아가는 사람들을 보게 될 것이며, 사람을 향한 하나님의 진실과 태도를 배우게 될 것이다. 불행한 일이지만 이처럼 여러 가지 측면에서 볼 때, 하나님의 집을 구성하고 있는 사람들은 전적으로 실패했다. 우리는 하나님의 집의 위대한 원리들을 유지하는 일에 실패했으며, 세상에 하나님의 참된 모습을 드러내는 일에 실패했다.

이런 실패는 어떻게 일어난 것일까? 구약시대 이스라엘의 역사와 하나님의 집과 연결된 그들의 실패를 보면, 우리 자신이 실패하게 된 근본 이유를 알 수 있다. 에스겔 선지자는 이스라엘 족속을 반역하는 자로 부르면서 "너희가 마음과 몸에 할례 받지 아니한 이방인을 데려오고 내 떡과 기름과 피를 드릴 때에 그들로 내 성소 안에 있게 하여 내 성전을 더럽히므로 너희의 모든 가증한 일 외에 그들이 내 언약을 위반하게 하는 것이 되었으며 너희가 내 성물의 직분을 지키지 아니하고 내 성소에 사람을 두어 너희 직분을 대신 지키게 하였느니라"(겔 44:6-8)고 말했다. 여기서 우리는 세 가지 죄를 볼 수 있다.

1) 그들은 하나님의 집에 합당하지 않은 사람을 들어오게 했다.
2) 그들은 하나님의 집의 거룩을 유지하는 일에 실패했다.

3) 그들은 하나님의 집을 자신들의 목적을 이루는 수단으로 이용했다.

여기서 우리는 현 시대의 하나님의 집에서도 일어나고 있는 슬픈 역사를 볼 수 있지 않은가? 오순절 날, 성령의 강림을 통해서 하나님의 집을 형성하게 된 사람들 가운데 이방인은 한 사람도 없었다. 모두가 참된 하나님의 자녀들이었다. 그 날 주님에 의해서 교회에 더해진 3천명 가운데에는 "마음에 할례를 받지 않은" 사람은 없었다. 모두가 참 신자였다. 하지만 어떻게 이방인이 들어올 수 있었을까? 시몬 마구스(Simon Magus)가 세례(침례)를 받음으로써, 하나님의 영께서 거하시는 하나님의 집에 들어왔다. 그는 하나님의 일에 관계도 없고 분깃도 없는 사람이었다(행 8:21). 이처럼 다른 사람들, 즉 거짓 형제들이 몰래 들어왔다. 결론적으로 사도들의 시대에, 하나님의 집은 "금 그릇과 은 그릇뿐 아니라 나무 그릇과 질그릇도 있어 귀하게 쓰는 것도 있고 천하게 쓰는 것도 있는" (딤후 2:20) 큰 집 상태가 되었다.

따라서 구약시대의 이스라엘처럼, 하나님의 집의 거룩성은 유지되지 못했고, 사람들은 하나님의 집을 자신의 목적을 이루는 수단으로 이용했다. "이런 자들이 더러운 이득을 취하려고 마땅하지 아니한 것을 가르쳐 집들을 온통 무너뜨리는도다." (딛 1:11) 사도들의 시대에 들어온 악은 시대를 거칠수록 점증되었고, 말세엔 생명 없는 허다한 신앙고백자들이 하나님의 집을 차지하게 될 것이며, 경건의 모양은 있지만 그 능력은 없는 모습을 띠게 될 것이다(딤후 3:1-5).

그렇다면 책임에 있어서 사람이 실패를 하였다면, 그 결과는 무엇인가? 이스라엘의 경우와 마찬가지로, 하나님의 집에 침입한 악은 심판을 초래했다. 그래서 사도 베드로는 "하나님의 집에서 심판을 시작할 때가 되었나니 만일 우리에게 먼저 하면 하나님의 복음을 순종하지 아니하는 자들의 그 마지막은 어떠하며 또 의인이 겨우 구원을 받으면 경건치 아니한 자와 죄인은 어디에 서리요"(벧전 4:17,18)라고 말해야만 했다.

이스라엘의 경우, 주님이 그들의 성전을 하나님의 집으로서 인정하기를 거절하시는 때가 왔다. 주님은 "보라 너희 집이 황폐하여 버려진 바 되리라"(마 23:38)고 말씀하셔야만 했다. 그래서 성전과 연결되어 있던 하나님의 모든 참 자녀들은 교회에 가입하게 되었고, 그 황폐하게 된 집은 심판에 넘겨졌다. 하지만 이내 하나님의 집으로서 교회도 부패하게 되었다. 머지않아 하나님의 모든 참 자녀들은 주님을 만나기 위하여 공중으로 휴거될 것이며, 경건의 능력이 없는 허다한 입술만의 신앙고백자들은 더 이상 하나님의 집으로 인정을 받지 못하게 될 것이며, 심판에 들어가게 될 것이다.

그렇다면 사람들 가운데 거하고자 하시는 하나님의 목적은 책임에 있어서 실패한 인간 때문에 좌절되어 버린 것인가? 그렇지 않다. 시간의 흐름도, 세대의 변화도, 하나님의 백성들의 실패도, 원수의 방해공작도, 사망의 권세도 지상에 자신의 집을 소유하고 또 사람들 가운데 거하고자 정하신 하나님의 목적으로부터 하나님의 마음을 한순간도 움직일 수는 없는 법이다.

구속(救贖)을 받은 백성들이 홍해 바다를 건넘으로써 안전이 확보되는 순간, 하나님께서는 그들 가운데 거하고 싶어 하시는 마음의 갈망을 드러내셨다(출 15:13, 17, 29:45). 광야에 세워진 성막과 약속의 땅에 설립된 성전은 하나님께서 소중히 품어 오신 생각을 증거하는 기념물이다. 비록 이스라엘 백성들이 실패했고 또 하나님의 집을 소홀히 했지만, 그래서 그들의 성전이 파괴를 당하고 또 그들은 포로로 사로잡혀 갔지만, 하나님은 한순간도 자기 백성들 가운데 거하시려는 하나님의 목적을 포기하신 적이 없으셨다. 하나님은 자신의 집을 재건하도록 남은 자들을 귀환시키셨다. 그들 또한 전적으로 실패했고, 돌아온 그들은 다시 열국 가운데 흩어졌으며, 또 다시 하나님의 집은 돌 위에 돌 하나도 남지 않게 되었다. 그럼에도 하나님은 자신의 영광스러운 길을 계속해서 가셨다.

인간의 모든 실패 위에 하나님은 그 마음의 새로운 비밀들을 개봉하셨고, "살아 계신 하나님의 교회요 진리의 기둥과 터"인 하나님의 집을 세우려는 뜻을 밝히 드러내셨다. 하지만 또 다시 인간은 책임에서 실패했다. 하나님의 집은 폐허상태가 되었다. 거룩함을 특징으로 하는 대신, 귀히 쓰는 그릇과 천하게 쓰는 그릇으로 가득한 큰 집 상태에 빠졌다. 그래서 소수의 남은 자들만이 천하게 쓰는 그릇들로부터 자신을 분리시키고 또 하나님의 집의 도덕적 특징을 회복하는 일을 하고 있으며 또한 하나님의 집에 정해진 성경적인 원리를 따라서 모이는 일을 하고 있다. 하지만 그들도 실패하게 될 것이고, 인간의 책임은 하나님의 집에서 시작된 심판을 통해서 종지부를 찍게 될 것이다. 구약의 이스라엘이건 신약의 교회건 하나님의 집에 관한 모든 것이 인간의 손에서 끝장날 것이지만, 그럼에도 하나님은 자신의 목적에 끝까지 충실하실 것이며 또한 천년왕국 시대에 세워질 또 다른 하나님의 집에 대한 환상을 우리 앞에 제시하신다. 그리하여 "이 집의 나중 영광이 이전 영광보다 훨씬 크게 될 것이다." (학 2:9, KJV 직역)

그럼에도 이 집 또한 사라질 것이다. 왜냐하면 영광스러운 천년왕국 시대도 어두운 운명과 심판으로 끝날 것이기 때문이다. 하지만 하나님은 결코 자신의 목적을 포기하지 않으실 것이다. 왜냐하면 열국의 심판을 넘어, 크고 흰 보좌 또는 백보좌의 심판을 넘어가게 되면, 우리 앞에 "새 하늘과 새 땅"이 펼쳐질 것이기 때문이다. 그처럼 아름다운 장면 속에서 우리는 "거룩한 성 새 예루살렘이 하나님께로부터 하늘에서 내려오니 그 준비한 것이 신부가 남편을 위하여 단장한 것 같은" 모습을 보게 되고, 또 "보좌에서 큰 음성이 나서 이르되 보라 하나님의 장막이 사람들과 함께 있으매 하나님이 그들과 함께 계시리니 그들은 하나님의 백성이 되고 하나님은 친히 그들과 함께 계실 것"이란 음성을 듣게 된다(계 21:2,3). 이로써 우리는 시간의 한계를 벗어나 인간의 책임 문제가 전혀 없는 영원한 세계로 옮겨지게 된다. 그리고 새 하늘과 새 땅으로 이루어진 영원 세계를 보게 되며, 거기서 우리는 모든 눈물이 사라지고, "다시는 사망이 없고 애통하는 것이나 곡하는 것이나 아픈 것이 다시 있지 아니하리니 처음 것들이 다 지나가 버린" 새로운 장면을 보게 된다(계 21:4). 이로써 우리는 지난 모든 세대를 통과해서 마침내 하나님의 위대한 목적이 이루어진 것을 보게 된다. 즉 거룩한 성 새 예루살렘은 다시는 원수의 힘에 의해서 또는 성도들의 실패에 의해서 손상을 당하지 않는 하나님의 집으로서 세세토록 우뚝 서있을 것이다.

The Church as the Body of Christ

제 8장 그리스도의 몸으로서의 교회(1)

앞선 여러 장에서 교회에 관한 진리를 일반적인 관점에서 살펴본 이후에, 우리는 교회의 특별한 측면으로서 하나님의 집에 대해서 살펴보았다. 그럼에도 성경은 교회를 또 다른 중요한 측면에서 제시하고 있는데, 곧 교회를 그리스도의 몸으로 제시하고 있다. 이에 대해서 우리는 우선 간략하게 살펴보고자 한다.

그리스도의 몸으로서 교회에 대해서 말할 때, 성경의 언어는 매우 구체적이다. 우리는 골로새서 1장 18절에서, 그리스도는 "몸인 교회의 머리시라"고 말하고, 또 다시 고린도전서 12장 12,13절에서는 "몸은 하나인데 많은 지체가 있고 몸의 지체가 많으나 한 몸임과 같이 그리스도도 그러하니라 우리가 유대인이나 헬라인이나 종이나 자유자나 다 한 성령으로 세례를 받아 한 몸이 되었고 또 다 한 성령을 마시게 하셨느니라"고 말한다. 이러한 성경구절들을 통해서, 모든 신자들은 지상에 강림하신 성령을 통해서 하늘에 계신 머리와 한 몸을 이루고 있다는 것을 알 수 있다. 우리는 사람들이 물로 세례(침례)를 받음으로써 지상에서 하나님의 집을 형성하고 있는 기독교 공동체에 가입하게 되는 것을 살펴보았다. 이렇게 물에 의한 세례(침례)를 통해서 거듭난 일이 없는 사람도 하나님의 집에 들어오는 일이 발생했다. 그럼에도 물에 의한 세례(침례)가 사람들을 그리스도의 몸 안으로 들어오게 할 수 없다는 것은 분명하다. 그리스도의 몸으로 들어오는 일은 오로지 성령 세례에 의해서만 가능하다. 따라서 하나님의 집과는 달리 오로지 진짜만이 그리스도의 몸에 가입되는 것이다.

이런 그리스도의 몸의 특징을 생각할 때, 우리는 그리스도인들을 그저 그들 밖의 입술의 신앙고백에 의해서가 아니라, 그들 속에 진짜 성령의 역사가 일어났는지를 확인하는 과정을 거쳐야 한다. 우리 속에 육신이 여전히 남아 있는 것은 사실이긴 하지만, 그럼에도 하나님은 육신을 정죄하셨고 또 하나님이 우리를 보실 때에는 우리의 옛 사람을 십자가에 못 박은 결과, 우리를 "그리스도 안에"(롬

8:1) 있는 자로, "영 안에"(롬 8:9) 있는 자로 보신다는 것 또한 사실이다. 즉 하나님은 항상 자기 백성들을 그리스도와 성령과 연결해서 바라보신다. 따라서 우리 속에 있는 육신을 핑계로 삼아 육신적인 모습을 정당화시켜서는 안되며, 우리 자신을 그리스도와 함께 죽고 또 그리스도와 함께 살아난 신령한 존재로 바라볼 특권을 가지고 있다. 어떤 사람은 이런 말을 했다.

> "이런 영적 분별을 가질 때에만, 우리는 우리 자신을 몸의 지체로 말할 수 있다. 하나님의 소유가 된 사람 또는 그리스도의 것이 되지 않은 사람은 그리스도의 몸에 들어올 수 없다. 그래서 그리스도의 몸에서 실패나 육신을 생각하는 것은 있을 수 없는 일이다."

몸을 이루고 있는 사람들은, 여전히 자기 속에 육신을 가지고 있기에, 진리에 호응하며 사는 삶에 실패할 수도 있다. 그렇지만 몸에 속한 지체들은 다 그리스도에게 속한 그리스도의 사람들이다. 그런 것이 그리스도의 몸이다.

이처럼 위대한 진리를, 특별한 방식으로 소개하는 성경은 세 가지이다. 에베소서 1장과 2장, 골로새서 1장과 3장, 그리고 고린도전서 12장과 14장이다. 에베소서에서 몸은 아버지의 영원한 계획에 따라서 그 영원한 측면에서 제시되고 있다. 골로새서에서 몸은 그리스도를 나타내는 그릇으로서, 이 시대적인 사명의 측면에서 제시되고 있다. 고린도전서에서 몸은 지상에서 성령의 나타나심을 위한 도구의 측면에서 제시되고 있다.

몸을 통해서 성령의 다양한 역사가 나타나는 것은 시간 안에서 (즉 이 현 세대에) 몸을 통해서 그리스도께서 나타나는 측면을 가지고 있다. 지금 그리스도의 나타남은 아버지의 영원하신 계획을 따라서 장차 오는 여러 세대들 가운데 그리스도의 충만이 나타나게 될 일의 서막에 불과하다. 그렇다면, 우선적으로 우리는 아버지의 계획에 따른 몸의 진리가 무엇인지를 생각해야 한다. 에베소서 1장에서 소개하는 가장 중요한 주제는 그리스도의 영광을 위한 아버지의 계획이 무엇인가에 관한 것이다. 에베소서 1장은 하나님의 뜻의 비밀을 우리에게 소개하면서 이렇게 말한다. "그 뜻의 비밀을 우리에게 알리신 것이요 그의 기뻐하심을 따라 그리스도 안에서 때가 찬 경륜을 위하여 예정하신 것이니 하늘에 있는 것이나 땅에 있는 것이 다 그리스도 안에서 통일되게 하려 하심이라."(9,10절) 더욱이 이 때가 찬 경륜을 보면, 교회는 그리스도의 영광과 연결해서 최고의 특권의 자리를 가지고 있으며, 그리스도의 몸으로서 교회는 미래의 영광스러운 운명을 가지고 있음을 알 수 있다. 여기 에베소서에 제시되어 있는 교회는 현 세대에 등장하는 교회가 아니라, "때가 충분히 찼을 때" 즉 영원 속에서 등장하는 교회의 모습이다.

이로써 우리는 실패로 가득한 현재의 순간을 넘어, 그리스도의 몸으로서 교회의 미래 영광을 보도록 허락을 받았다. 그 때 "그리스도의 몸인 교회"는 "만물 안에서 만물을 충만케 하시는 이의 충만함"이 될 것이다(22,23절). 하나님의 계획을 따라, 그리스도께서 만물을 충만하게 하시는 때가 오고 있다. 온 우주는 그리스도로 말미암아 복으로 충만하게 될 것이며, 그 날에 교회는 "만물 안에서 만물을 충만케 하시는 이의 충만함"을 표현하는 특권을 누리게 될 것이다. 비록 모든 것이 그리스도로 말미암아 복을 받을 것이며 또 모든 것이 그리스도의 영광을 나타낼 것이지만, 그럼에도 모든 것이 다 그리스도의 충만을 표현하지는 않을 것이다. 이렇게 그리스도의 충만을 표현하는 일은 교회의 몫이다. 한 사람의 성도는 그리스도의 특성을 어느 정도 반영할 것이며, 장차 오는 세상에 있는 모든 것은 많은 부분에서 그리스도를 나타낼 수 있을 것이지만 오로지 그리스도의 몸으로서 교회만이 만물을 충만케 하시는 그리스도의 충만을 통해서 그리스도의 완전한 모습(the perfect display of Christ)을 표현하게 될 것이다.

충만(fullness)이란 완전 또는 완성(completeness)을 의미한다. 그리스도께서 나타나실 뿐만 아니라 완성된 모습으로 나타나실 것이다. 즉 그리스도의 모든 탁월함이 나타나게 될 것이며, 모든 것이 완전한 비율을 이루며 나타나게 될 것이다. 어느 특성이 다른 특성 보다 앞서는 일은 없을 것이다. 모든 것이 완전한 조화를 이루며 나타나게 될 것이고, 정상적인 몸의 지체들이 서로 조화를 이루며 또 머리의 지시를 따르도록 설정된 것처럼, 그와 같은 방식으로 지체들 간에 서로 연합을 이룬 관계 속에서 나타나게 될 것이다. 그렇지만 그때 이 모든 것들이 참된 것처럼, 지금 도덕적으로 참된 것으로 나타나게 해야 한다.

이 사실은 시간 속에서 그리스도의 나타남을 위한 그릇으로서 몸의 진리로 이끈다. 그리스도의 몸으로서 교회의 이런 측면을 보려면, 우리는 골로새서로 가야 한다. 골로새서를 기록한 목적은 머리이신 그리스도의 영광을 드러내는 것이다. 우리는 골로새서 1장 18절에서 "그는 몸인 교회의 머리시라"는 구절을 읽는다. 이 구절은 하늘에서 머리의 도덕적 영광이 지상에 있는 몸을 통해서 현재적으로 드러나는 것이 하나님의 갈망이신 것을 표현하고 있다. 따라서 사도 바울은 복음 사역에 대해서 언급한 후에, 그리스도의 몸 된 교회(24절)와 연결된 두 번째 사역에 대해서 언급한다. 바울은 이 교회 진리를 가리켜 "이 비밀은 만세와 만대로부터 감추어졌던 것인데 이제는 그의 성도들에게 나타났다"(26절)고 말한다. 더욱이 그는 이 비밀의 영광을 가리키며 "이 비밀은 너희 안에 계신 그리스도시니 곧 영광의 소망이니라"(27절)고 말한다.

사도 바울은 다음과 같은 두 가지 위대한 사실에 특별한 강조점을 두었다. 첫 번째는 이 비밀이 계시되었을 때의 특별한 상황에 대해서 강조했고, 두 번째로는 현 시대에 이 비밀이 가지고 있는 특별한 영광에 대해서 강조했다. 이러한 두 가지 위대한 사실은 서로를 향해 직접적인 영향을 주고받는다. 우리는 이런 질문을 해볼 수 있을 것이다. 어째서 이 비밀이 그 이전이 아니라 "지금" 계시된 것인가? 왜냐하면 세 가지 위대한 사건이 먼저 일어나야만 했기 때문이며, 그 세 개의 사건이 없으면 교회는 결코 존재할 수도 없거니와 하나의 사실로서 또는 하나의 진리로서 성립될 수도 없었기 때문이다. 그 세 가지 사건이란, 그리스도께서 하늘에서 영광스러운 머리로서 높임을 받으신 일과 성령께서 지상으로 강림하신 일과 마지막으로 그리스도께서 유대인들에게 거절을 당하는 일이었다.

처음 두 개의 사건은 교회가 형성되기에 앞서 반드시 절대적으로 일어나야만 했다. 지상에 몸이 형성되려면 하늘에서 머리가 먼저 존재해야만 했으며, 성령께서 그 지체들 가운데 거하고자 강림하셔야만 했다. 이를 통해서 하늘에 있는 하나의 머리와 지상에 있는 하나의 몸이 형성될 수 있었다. 하지만 이 진리가 소개되기 이전에도, 몸은 이미 (하나의 사실로서) 존재하고 있었다. 이를 위해서 세 번째 위대한 사건이 필요했다. 만일 유대인과 이방인이 하나의 몸을 이루고 있다는 진리가 그리스도께서 거절당하기 이전에 계시되었더라면, 하나님이 첫 언약 아래서 유대인들에게 약속하신 모든 것들은 모순을 일으켰을 것이다. 하지만 유대인들이 그리스도를 최종적으로 거절했을 때, 그래서 첫 언약이 완전히 종말을 맞이했을 때, 바로 이런 방식을 통해서 그리스도의 몸으로서 교회의 진리가 계시될 수 있는 길이 마련되었던 것이다. 이스라엘 민족이 그리스도를 거절한 일은 스데반이 돌에 맞아 순교했을 때, 그때 최종적으로 이루어졌다. 십자가를 통해서 이스라엘은 지상에 계신 그리스도를 거절했으며, 스데반의 순교를 통해서 그들은 하늘에 있는 그리스도를 거절했던 것이다. 그들은 그리스도께서 하늘에 계시다는 사실을 증거하는 일을 했던 성령의 메신저를 돌로 쳐서 죽였다. 바로 이 순간, 비록 그리스도께서 거절을 당하셨지만, 그리스도의 몸이 지상에 존재하고 있다는 위대한 비밀을 여는 계기를 만들었다. 이는 은혜로 구원받은 죄인들이 하늘나라에 들어가게 될 것이란 의미가 아니다. 물론 그런 것이 복음이긴 하지만, 복음은 비밀이 아니었다. 죽어가는 강도조차도 자신이 낙원에 들어갈 것을 알고 있었다. 하지만 비밀은 이제야 계시되었다. 즉 그리스도께서 자신의 몸으로서 교회를, 곧 자신이 거절당하는 시간 동안 그 거절당하는 자리에 들어가 있는 교회를 지상에 소유하고 계신다는 사실이 이제야 계시된 것이다. 이 위대한 진리의 최초의 암시는 장차 이 진리의 사역자가 될 인물의 회심 이야기 속에 있다.

주님은 사울에게 "사울아 사울아 네가 어찌하여 나를 박해하느냐?"(행 9:4)고 말씀하셨다. 이는 "네가 어찌하여 나의 제자들을 박해하느냐?"는 것도 아니었고, "나에게 속한 사람들을 박해하느냐?"는 것도 아니었고, "나의 일부가 된 사람들을 박해하느냐?"는 것도 아니었다. 바로 "네가 어찌하여 나를(ME) 박해하느냐?"는 것이었다. 누군가 이런 말을 했다. "이처럼 작은 단어를 통해서, 그리스도께서 여기 이 땅에 계시다는 엄청난 사실이 전달되고 있다."

게다가 만일 그리스도께서 여기 이 땅에서 그 몸을 이루고 있는 사람들 속에 계신다면, 그리스도께서 그 몸을 통해서 나타나실 수 있음을 의미한다. 지금 교회를 통해서 나타나는 그리스도는 "영광의 소망"이신 그리스도다. 우리가 에베소서를 통해서 살펴본 것처럼, 장래 영광 가운데서 그리스도는 그 충만하심 가운데서 나타나실 것이다. 하지만 영광의 소망은 장차 나타날 영광을 현재적 성취로서 나타내는 것이다. 따라서 사도 바울은 곧바로 성도들 속에 계신 그리스도께서 어떻게 성도들을 통해서 그리스도의 나타남을 실현시킬 수 있는지를 소개한다. 몸에 대한 하나님의 현재적인 생각은, 어느 순간일지라도 모든 성도가 몸을 형성함으로써, 그리스도를 세상에 도덕적으로 나타나게 하고 또 지상에 있는 몸이 하늘에 있는 머리와 상호 작용을 하는 것이다.

골로새서 2장에서 사도 바울은 하나님께서 어떻게 이 일을 이루어 가시는지를 보여주고 있을 뿐만 아니라, 사탄 마귀가 성도들에 대한 하나님의 현재적 목적을 좌절시키고자 사용하는 다양한 전략에 대해서 경고하고 있다. 우선적으로 우리는 교묘한 말로 순진한 사람들을 매혹시키는 인간의 기만적인 사상과 견해에 대해서 경고를 받고 있다(4절). 그 다음은 철학이나, 인간의 전통을 따르는 순전히 인간적인 지혜를 맹종하는 것과 세상의 초등학문(8절)에 대해서 경고를 받고 있다. 게다가 우리는 어떤 음식을 금하고 또 어떤 날을 준수하는 일과 연결되어 있는 육신적인 종교성에 대해서도 경고를 받고 있다(16절). 마지막으로 우리는 천사들을 숭배하는 일과 같은 미신에 대해서도 경고를 받고 있다(18절).

그리스도의 도덕적 아름다움을 나타내려면, 우리는 그리스도를 알아야 한다. 우리가 나타내야 하는 성품의 본체이신 분을 알아야 한다. 아무리 사람들의 견해, 인간의 철학, 종교적 육신성, 그리고 미신 등에 탐닉한다 해도, 그런 것을 통해서는 그리스도의 성품에 속한 그 어느 것도 배울 수 없으며, 그런 성품이 우리에게서 흘러나오게 할 수도 없다.

이러한 다양한 원수의 올무에 대해서 경고를 받은 후, 우리는 머리에 속한 도덕적 완전성이 몸된 교회에 나타나도록 하나님이 예비하신 대비책에 대한 교훈을 받는다. 이는 네 가지 위대한 진리와 연결되어 있다.

1. 우리는 "그리스도 안에서 충만하여졌다."(10절)
  2. 우리는 그리스도와 동일시되고 있다(11,13절)
  3. 우리는 그리스도의 것이다. "몸은 그리스도의 것이니라."(17절)
  4. 우리는 그리스도에게서 모든 영적인 공급을 받는다(19절).

  1. 우리는 "그리스도 안에서 충만하여졌다." 그리스도 안에는 하나님의 모든 신성의 충만이 거하고 있다. 그러므로 우리가 그리스도를 알고 또 그리스도를 나타내는데 필요한 모든 것은 그리스도 안에서 발견할 수 있으며, 우리는 그리스도 안에서 충만하여졌다. 우리는 사람에게서 완전히 벗어났다. 사람의 의견, 사람의 철학과 사람의 종교는 우리를 그리스도에게 가까이 나아가게 할 수 없으며, 그리스도의 특성을 열어서 우리에게 보여줄 수도 없으며, 게다가 그리스도의 도덕적 아름다움을 우리에게 덧입혀 줄 수도 없다.

  2. 우리는 "그리스도와 동일시되고(identified with Him)" 있다. 십자가의 죽음에서, 장사됨에서, 부활 안에서, 그리고 생명 안에서 하나님은 신자를 그리스도와 동일시하셨다. (할례에 의해서 상징화된) 십자가에서 그리스도는 실제로 육신과 관련된 모든 것에 대해 죽으셨다. 장사됨 안에서 그리스도는 실제로 눈으로 볼 수 있는 모

든 것에서 사라지셨다. 부활 안에서 그리스도는 실제로 사망의 통치를 영원히 벗어나셨다. 그리고 다시 살리심을 받음으로써 그리스도는 생명 안에서 영광의 장면과 하나님의 영광에 전적으로 합당한 상태 속으로 들어가셨다. 이제 그리스도에게 실제적으로 참된 것은, 그리스도와 우리를 동일시하시는 하나님의 눈으로 볼 때, 성도들에게도 참된 것이 되었다. 이제 믿음은 하나님이 보시는 것을 볼 뿐만 아니라, 하나님과 함께 본다. 우리는 우리의 육신이 그리스도의 죽음을 통해서 제거되어 버린 사실을 알고 있다. 벗어버렸을 뿐만 아니라 눈에 보이지 않게 되었다. 왜냐하면 우리는 "세례(침례)로 그리스도와 함께 장사되었기" 때문이다(12절). 더구나 영으로 우리는 그리스도와 함께 부활했다. 그런즉 죽음은 그동안 우리를 향해 행사했던 권세를 상실했다. 우리 영혼이 살리심을 받은 것과는 달리 우리의 죽을 몸은 아직 살리심을 받은 것은 아니지만, 우리는 그리스도 안에서 설정된 하늘 생명으로 하나님을 향해 살아있다.

3. 우리는 그리스도의 것이다. 그래서 성경은 "몸은 그리스도의 것이니라."(17절)고 말한다. 율법 규례들은 그림자일 뿐이었고, 땅에 속한 첫 사람에게 주어진 것이었다. 율법 규례는 장래 일의 그림자였고, 장래 일의 실체는 하늘에 속한 사람이신 그리스도였다. 만

일 그리스도께서 하늘에 속한 존재라면, 몸은 그리스도의 것이기에 몸도 하늘에 속한 존재가 된다. "무릇 하늘에 속한 자들은 저 하늘에 속한 이와 같다."(고전 15:48) 이 순간 우리는 땅에 있지만, 우리는 하늘에 속한 사람이다. 따라서 우리는 하늘에 속해 있다.

4. 우리는 머리로부터 모든 것을 공급받는다. 만일 교회가 하늘에 속한 존재라면, 교회는 하늘로부터 공급을 받을 수밖에 없다. 땅에 속한 것은 하늘의 사람에게 영적인 자양분이 될 수 없다. 땅에 속한 사람이 몸에 영적인 공급을 하거나, 지체들을 하나로 묶거나 또는 영적인 성장으로 인도하는 일을 할 수 없다. 모든 것이 하늘에 있는 머리로부터 공급되어야 하며, 그럴 때만이 몸의 마디와 힘줄을 통해서 몸이 자라게 된다. 하늘에 있는 머리가 지상에 있는 몸에 공급하는 일을 하는 것처럼, 지상에 있는 몸은 하늘에 있는 머리를 세상에 나타내는 일을 한다. 머리를 붙들지 않으면, 우리는 머리를 나타내는 일에 실패할 수밖에 없다. 하지만 머리이신 그리스도는 자신의 몸에 영적인 공급을 하는 일에 실패하는 일이 없다. 그리스도는 몸과 그 몸의 모든 지체를 돌보는 일을 하신다.

이 네 가지 위대한 사실, 즉 우리는 그리스도 안에서 충만하여졌고, 우리는 그리스도와 동일시되고 있으며, 우리는 그리스도의 것이며, 또한 모든 것을 그리스도에게서 공급받고 있다는 사실은, 다 몸에 대한 하나님의 현재적 목적을 이루는 데로 우리를 이끌고 있다. 즉 몸을 통해서 머리의 특징이 드러나는 것이 목적인 것이다. 그리고 이어지는 권면 속에는 이 일이 이루어지게 하는 실제적인 방법이 제시되어 있다.

처음 두 개의 장에 소개된 교회에 대한 교리를 근거로 해서, 우리는 "그러므로 너희는 하나님이 택하사 거룩하고 사랑 받는 자처럼 긍휼과 자비와 겸손과 온유와 오래 참음을 옷 입고 만일 누가 누구에게 불만이 있거든 서로 용납하여 피차 용서하되 주께서 너희를 용서하신 것 같이 너희도 그리하고 이 모든 것 위에 사랑을 더하라 사랑은 완전의 띠임이라 그리고 그리스도의 평강이 너희 마음을 주장하게 하라 너희는 평강을 위하여 한 몸으로 부르심을 받았나니 너희는 또한 감사하는 자가"(골 3:12-15, KJV 직역)되어야 한다. 이것은 무한한 용서와 함께 베풀어지는 은혜와 다른 모든 온전한 것들을 함께 묶어주는 역할을 하는 사랑과 마음을 주장하는 평강으로 어우러진 그리스도의 사랑스러운 특성이다. 한 몸의 하나됨 안에 있는 성도들은 그리스도께서 부재하신 이 세상에 있는 동안, 그리스도의 나타나심을 기다리면서 이러한 특성을 나타내도록 부르심을 받았다.

만일 성도들이 "한 몸"을 이룬 채 은혜와 사랑과 평강으로 가득한 특징을 띠고서 그리스도를 나타낸다면, 이 얼마나 아름다운 모습이겠는가! 비록 우리가 교회 황폐화 시대를 살고 있고 또 우리의 실행이 이 아름다운 그림에 미치지 못할지라도, 결코 기준을 낮추진 말자. 누군가 이런 말을 했는데, 얼마나 진실된 말인지 모른다.

"어쩌면 우리의 실행이 이 진리에 미치지 못한다 해도, 성도들을 성경이 정한 기준으로 돌아오게 하는 일이 불가능하다 해도, 우리는 바른 진리를 고수해야 한다. 성경에서 정한 바른 진리를 가지는 것만으로도 참으로 위대한 일이다. 우리가 만일 교회 진리를 소유하고 있고 또 그것을 순종하고자 추구하고 있다면, 교회가 처음 설립되었을 때의 그 완전한 모습을 온전히 회복하지는 못할지라도, 그럼에도 주께서 그 바른 진리를 따라서, 즉 교회 진리에 합당하게 행할 수 있도록 모든 은혜를 아끼지 아니하실 것임을 온전히 기대할 수 있다."

The Church as the Body of Christ
(continued)

제 9장 그리스도의 몸으로서의 교회(2)
고린도전서 12장

　그리스도의 몸으로서 교회가 성경에는 삼중적인 방식으로 소개되어 있음을 살펴보았다. 첫 번째, 에베소서에서 아버지의 영원하신 경륜과 연결되어 있음이 소개되었다. 두 번째, 골로새서에서 그리스도를 나타내는 그릇으로서 소개되었다. 그리고 세 번째 고린도전서 12장에서, 성령의 역사가 다양하게 나타나는 도구로서 소개되었다.

　앞에서 우리는 처음 두 개의 측면을 가진 몸에 대해서 살펴보았다. 이제는 고린도전서 12장에서 소개하고 있는 성령의 나타남과 연결되어 있는 몸에 대해서 살펴보는 일이 남아 있다. 어쨌든 이 장의 주제는 몸에 대한 것이라기보다는 성령에 대한 것이다. 몸은 다만 그리스도의 나타남을 위해 성령이 사용하시는 도구로서 소개될 것이다.

기독교계의 폐허상태는 성령의 임재와 능력 모두를 잃어버리는 결과를 초래했다. 성직자 제도, 인간적인 조직체로서 운영, 그리고 육신적인 방법의 도입 등은 성령의 역사를 방해해왔다. 따라서 이 장은 교회 내에 성령의 권리를 보존하고 또 영적인 나타남을 위한 참 성격이 무엇인지를 규명한다는 점에서 매우 중요하다.

고린도전서 12장을 가능한 빨리 살펴보자면, 2절과 3절에서 우리는 성령의 나타남의 목적이 무엇인지를 볼 수 있다. 성령님이 교회에서 역사하실 때 항상 염두에 두시고 또 최종 목표로 삼으시는 것은 그리스도께서 높임을 받으시는 것이다. 성령님은 항상 예수를 주(主)로 고백하도록 인도하신다. 이 사실을 인정한다면, 우리는 즉시 하나님의 영으로 말하고 있다고 주장하는 사람을 주관하고 있는 영을 시험해볼 수 있다. 이것은 신자냐 아니면 불신자냐를 분별하는 문제가 아니라, 사람들이 하나님의 영을 빙자해서 말할 때, 그 영의 정체를 시험하는 문제다. 악한 영으로 그렇게 하는 것인가, 아니면 하나님의 영으로 하는 것인가? 만일 누군가 악한 영에 의해서 조정을 받아 말하는 것이라면, 그 말하는 사람이 상당한 지식을 나타낼 수도 있고, 아니면 굉장한 달변으로 설교할 수도 있고, 말투가 상당히 양심적인 사람인 듯 보일 수 있지만, 그럼에도 불구하고 이런 저런 모습으로 그리스도를 비하하는 말을 할 수밖에 없다. 만일 누군가 성령에 의해서 말하고 있다면, 말투가 단순할 수도 있고, 배운 일이 없는 사람처럼 말할 수도 있지만, 그럼에도 그리스도께서 영광을 받으실 것이다. 이러한 시험을 유니테리언에게 적용해보고, 고등비평가 또는 현대 신학자들에게 적용해보라. 그리하면 즉시 그들의 정체가 드러나게 될 것이다. 왜냐하면 모양은 다를 수 있지만, 그리스도에게서 영광을 도적질하는 일에 일치를 보일 것이기 때문이다.

성령으로 말하는 사람은 모두 그리스도를 높이는 일을 하는 것은 분명하지만, 모두가 동일한 은사를 가지고 있는 것은 아니다. 이제 사도 바울은 4-6절에서 영적인 은사의 다양성에 대해서 설명한다. 사도 바울은 우리에게 은사는 다양하다는 사실을 말해준다. 동시에 은사의 다양성은 목표의 단일성을 훼손하지 않는다는 사실을 강조한다. 왜냐하면 은사가 다양하기 때문에 한 분 성령에 의해서 통제를 받아야 하며, 그럴 때에만 모두가 그리스도를 높이고 또 그리스도를 드러냄으로써 목표의 단일성을 유지할 수 있다(4절).

더욱이 성령에 의해서 사용되는 다양한 은사들은, 교회 봉사를 지도하시는 주님의 통제를 받아야 한다(5절). 게다가 서로 다른 봉사영역에서 은사들을 사용하는 일은 영혼들에게 다양한 유익을 주지만, 모든 것을 모든 사람 가운데서 이루시는 일을 하시는 분은 하나님이시다(6절).

여기 4-6절은 사실 책망하는 일을 하며, 동시에 기독교계에 만연되어 있는 심각한 무질서를 교정하는 일을 한다. 기독교계에서 은사를 사용하려면, 인간적인 능력, 인간적인 지혜, 그리고 신학교 과정이 사전 필수과정으로 요구된다. 하지만 성령의 가르침은 그렇지 않다. 사도 바울은 인간이 세운 신학교나, 인간적인 성취가 사역의 자격을 주는 것이 아니라고 말한다. 오로지 우리에게 필요한 것은 성령의 능력과 영적인 에너지 뿐이다.

종교 세계는 당신이 인간에게서 안수를 받아야 하고, 다른 사람들에게 사역하기에 앞서 사람의 권위로 세움을 받아야 할 것을 요구한다. 성령의 가르침은 그렇지 않다. 사도 바울은, 하나님을 섬기는 사역은 주님의 권위와 주님의 인도하심 외엔 아무 것도 필요치 않으며, 주님의 권위에 상응하는 권위란 존재하지 않는다고 말한다.

우리는 말을 잘하고 또 감정을 자극하는 호소를 통해서 깊은 인상을 주는 것이 사람들의 영혼에 보다 영적인 작용을 할 것이라고 생각하는 경향이 있다. 그렇지 않다. 사도 바울은 "모든 것을 모든 사람 가운데서 이루시는" 것은 하나님이라고 말한다. 오로지 하나님만이 사람 속에 있는 영혼에게 생명을 주는 역사를 하신다.

은사의 다양성에 대해서 언급한 후, 사도 바울은 7-11절에서 성령의 나타남을 각 사람에게 다르게 주신다는 주제로 넘어간다. 이 부분은 단순히 은사에 대한 것이 아니라 은사의 나타남이란 점을 주목하는 것이 중요하다. 즉 사도 바울은 주로 은사 사용에 대해서 말하고 있다. 그렇다면 단순히 "지혜"가 아니라, "지혜의 말씀"을 사용하는 문제다. 단순히 "지식"이 아니라 "지식의 말씀"을 사용하는 문제다. 단순히 "능력"이 아니라 "능력 행함"의 문제인 것이다. 네 가지 중요한 진리들이 제시되었다.

첫 번째, 성령의 나타남의 특징이 무엇이든 또는 어떻게 다르게 나타나든, 모든 것이 동일한 성령으로부터 나온다(8,9,10절). 이 사실을 잊지 않을 때, 하나됨이 유지된다.

두 번째, 성령께서는 각 사람에게 은사를 다르게 나누어 주신다(7,11절). 성령님은 성령의 역사를 한 사람 또는 특정한 부류의 사람들에게 집중시키는 일을 전적으로 거절하신다. 이것이 사실일진대, 성령님은 기독교계에 만연되어 있는 무질서 가운데 가장 무질서한 것으로, 특정한 부류의 사람들만 사역에 참여시키고 또 그런 식으로 하나님의 백성들을 성직자와 평신도로 제도적으로 나누는 것을 책망하신다. 성경은 그런 구분을 허용하지 않는다. 기독교계에서 실행하고 있는 그런 제도는 하나님이 교회에 세우신 영적인 질서를 부정하는 것이며, 성령의 다양한 나타남을 교회 위에 군림하는 한 사람에게로 제한시키는 시스템이다. 성령의 가르침은 그렇지 않다. 사도 바울은 성령의 나타남은 교회 안에 있는 모든 사람에게 다르게 주어지는 것이라고 말한다.

세 번째, 성령의 나타남은 모든 사람을 "유익하게" 하려는 것이다. 즉 공동의 선을 위해 주어지는 것이다. 성령의 나타남은 개인을 높이거나 또는 개인의 우월성을 자랑하도록 주어지는 것이 아닐 뿐더러, 개인의 영향력을 높이거나 개인적인 이익을 얻거나 또는 생계 수단으로 주어지는 것이 아니다. 오로지 몸된 교회의 영적인 유익을 위해서 주어지는 것이다.

네 번째, 성령은 은사를 "자기 뜻대로" 각 사람에게 나누어 주신다(11절). 이는 사람의 뜻을 차단시킨다. 우리는 반드시 성령께서 자기 뜻대로 역사하실 수 있는 여지를 남겨두어야 한다. 만일 사역자를 임명하거나 아니면 사역을 주관하고자 한다면, 우리는 우리의 뜻을 관철시키고자 성령께서 사람을 자기 뜻대로 사용하고자 하시는 일을 방해함으로써 성령의 뜻을 거스를 뿐만 아니라 성령을 제한하는 일을 하게 될 것이다.

은사를 나누어주는 일과 성령의 뜻을 따라서 은사를 사용하는 일에 대해서 언급한 다음, 사도 바울은 12-27절에서 영적인 나타남을 위한 도구로서, 그리스도의 몸에 대해 계속해서 다룬다. 이 일은 그리스도의 몸을 소개하는 문을 열었다. 몸에 대해선 단지 13-27절에서만 언급하고 있다는 사실을 주목하는 것이 필요하다. 다른 여러 구절을 통해서 사도 바울은 인간의 몸을 예시로 설명했다. 이처럼 한 몸의 위대한 진리를 떠나서, 은사 사용을 이해하기 쉽게 설명할 방도는 없다. 하나님이 정하신 질서에 따르면, 성령님은 우리를 전체 몸의 유익을 위하여, 그리스도의 몸의 지체로서 사용하시는 것이지 따로 동떨어진 개체로서 사용하시는 것이 아니다. 인간의 몸을 예시로 사용해서 사도 바울은 인간의 몸이 하나이지만 많은 지체가 있고 또 각자 자신의 특별한 자리에서 각자 정해진 기능을 하는 것처럼, "그리스도도 그러하다"고 말한다. 이것은 진리를 제시하는 참으로 충격적인 방식이다. 주제는 한 몸이다. 하지만 사도 바울은 "그리스도의 몸도 그러하니라"고 말하지 않고 "그리스도도 그러하니라"고 말한다. 왜냐하면 하나님의 눈으로 볼 때, 하나의 몸이야말로 그리스도를 표현하는 것이기 때문이다.

이 하나의 몸은 성령의 세례를 통해서 형성되었다. 그리고 성령 세례는 우리를 하늘로 데려가는 방법이 아니라, 지상에 한 몸을 존재하게 함으로써 그 몸을 통해서 세상에 그리스도를 도덕적으로 재현하려는 것이다. 한 몸이 가지고 있는 참으로 중대한 의미 속으로 들어가려면, 우리는 두 가지 사실을 기억해야 한다. 첫 번째, 그리스도는 세상에 계시지 않고 하늘에 계시기 때문에, 이 세상에선 부재한 상태다. 두 번째, 성령께서 세상에 임재하신다. 그리스도께서 부재하신 기간 동안, 유대인 신자들과 이방인 신자들로 하여금 성령에 의해서 한 몸을 형성하게 함으로써, 이렇게 형성된 그리스도의 몸을 통해서 그리스도의 특징적인 모습들을 재현하는 일을 하게 하신 것이다. 그리스도께서 지상에 계시는 동안 자신의 몸을 통해서, 양들을 돌보고, 가르치고, 복음을 전하고, 또 복을 주는 일을 하셨던 것처럼, 지금 육체적으로는 세상을 떠나 계시지만, 영적인 몸을 통해서 이 모든 일을 계속해나가길 바라시는 것이다.

이 성령 세례는 유대인 신자들과 관련해서는 오순절에 일어났고(행 1:5, 2:1-4을 보라), 이방인 신자들과 관련해서는 고넬료와 그의 친구들의 회심의 때에 이루어졌다(행 10:44, 11:15-17). 성령 세례는 육신과 관련된 모든 것을 제거하는 일을 포함하고 있었다. 유대인이냐 아니면 이방인이냐와 같은 태생적 차이점 또는 사회적 지위, 즉 노예인가 자유인인가 등의 문제는 한 몸에서 설 자리가 없다. 우리 자신을 유대인 또는 이방인으로 생각하거나, 아니면 기타 육신적인 차이점을 가지고서, 몸을 나누는 일을 할 수 없다. 왜냐하면 "우리가 다 … 한 성령으로 세례를 받아 한 몸이 되었기" 때문이다(13절). 한 몸을 이루고 있는 모든 사람은 이미 "다 한 성령을 마셨다."(13절) 우리는 똑같은 복과 특권을 누린다. 왜냐하면 이러한 누림은 하나의 원천, 즉 한 성령으로부터 나오는 것이기 때문이다.

이 사실을 토대로 해서, 사도 바울은 하나의 몸을 통해서 나타나는 성령의 나타남과 연결되어 있는 매우 실제적인 진리들을 강조하기 위해서 또 다시 인간의 몸을 예로 든다. 첫 번째, 바울은 몸 안에는 하나됨 속에 다양성이 있음을 강조했다(14-19절). "몸은 한 지체뿐만 아니요 여럿이니."(14절) 즉 몸은 하나이지만, 지체들은 많이 있다. 만일 각 지체가 다른 사람의 역할을 시기하고 욕심을 냄으로써 자신의 역할을 등한시한다면, 이러한 다양성은 전적으로 상실되고, 또한 엄청난 무질서 상황에 빠지게 될 것이다. 만일 발이 자신은 손이 아니라는 사실 때문에, 또는 귀가 자신은 눈이 아니라는 사실 때문에 불평하기 시작한다면, 몸의 역사는 곧 끝나게 될 것이다. 왜냐하면 불평하는 지체들은 몸의 선(善)을 위한 자신의 역할에 충실하지 않을 것이기 때문이다. 그렇다면 많은 지체들 가운데 일어나는 분쟁 또는 무질서를 어떻게 방지할 것인가? "하나님이 그 원하시는 대로 지체를 각각 몸에 두셨다"는 사실을 인정함으로써 된다. 따라서 그리스도의 몸 안에서 어느 지체도 자기 맘대로 우월한 자리를 차지하지 못하도록 각 사람의 자리와 역할을 정하시는 분은 하나님이시다. 한 지체의 우쭐거림은 몸과 함께 함으로써 겸손 속에 잠겨야 한다. "만일 다 한 지체뿐이면 몸은 어디냐?"(19절)

게다가 사도 바울은 이 진리의 다른 측면을 강조한다. 즉 다양성

속에 하나됨이다(20-24절). 많은 지체들이 있고 또 하나의 몸이 있긴 하지만, 만일 강한 지체들이 연약한 지체들을 업신여길 때 몸의 하나됨은 위험에 처할 수 있다는 사실을 기억해야 한다. 우리는 서로에 대한 시기심이 다양성을 무너뜨릴 수 있다는 점을 살펴보았다. 이제 우리는 업신여기는 태도가 하나됨을 무너뜨릴 수 있다는 사실을 배운다. 만일 눈이 손을 경멸하듯 대하고, 또 머리가 발을 조롱한다면, 몸의 하나됨은 모두 끝장나게 될 것이다. 무엇이 이러한 위험을 해소할 수 있을까? 다시 말하지만, 이 모든 것이 하나님의 주권적인 역사라는 사실을 인정함으로써 된다. 하나님은, 그 지체가 아니면 다른 어느 지체도 할 수 없는 사역을 허락하는 방식으로 몸을 고르게 하는 일을 하신다. 가장 강한 지체라도 가장 연약한 지체를 필요로 한다. "그뿐 아니라 더 약하게 보이는 몸의 지체가 도리어 요긴하다."(22절) 이는 모든 지체가 공동의 선(to the common good)을 이루기 위해서 그저 단순히 협력한다는 차원이 아니라, 다른 지체들이 없으면 자신의 역할을 온전히 수행할 수 없다는 뜻이다. 다른 말로 하자면, 모든 지체가 절대적으로 서로를 필요로 한다는 의미다.

　몸을 무질서 상태로 빠뜨릴 수 있는 두 가지 치명적인 위험이 있다. 하나는 덜 주목을 받는 지체가 자신이 차지하고 있는 자리에 대해 불만족을 품는 것이다. 다른 하나는 더 많은 주목을 받는 지체가 더 연약해 보이는 지체를 무시하는 태도를 보이는 것이다. 하나는 다양성을 파괴하고, 다른 하나는 하나됨을 파괴한다. 둘 다 정상적인 몸의 역할을 파괴한다. 하나님을 중심에 모시고, 하나님의 뜻에 순복할 때에만, 양쪽 모두 무질서가 해결된다. 각 지체에게 각자에게 맞는 특별한 사역을 허락하신 분은 하나님이시다. 하나님은 이런 식으로 어느 지체가 더 중요한 것도 아니고, 모든 지체가 다 중요하다는 사실을 일깨우심으로써 몸의 지체들을 고르게 하는 일을 하신다.

하나님의 역사와 지혜의 결과는 인간 몸의 지체들처럼 "몸 가운데서 분쟁이 없고 오직 여러 지체가 서로 같이 돌보게"(25절) 하는 것이다. 단순히 서로 돌보는 정도가 아니라, 서로에 대한 상호 관심을 가짐으로써 "만일 한 지체가 고통을 받으면 모든 지체가 함께 고통을 받고 한 지체가 영광을 얻으면 모든 지체가 함께 즐거워"(26절) 하는 데까지 나아가는 것이다. 사도 바울은 이렇게 되어야 한다는 식으로 말하는 것이 아니라, 몸은 이렇다고 말한다. 이 진리를 그리스도의 몸에 적용하는 일은 인간이 세운 분파주의와 교단의 장벽때문에 크게 훼방을 받고 있다. 하지만 진리는 한 지체가 영향을 받은 것은 모든 지체들에게 영향을 미치는 식으로 여전히 남아서 역사하는데, 이는 지체들은 성령에 의해서 서로 하나로 매여 있기 때문이다. 그리고 성령을 의지하는 일은, 우리의 많은 실패가 하나됨을 표현하는 일을 방해할 순 있지만, 그럼에도 여전히 우리의 특권으로 남아 있기 때문이다. 하나님 백성들의 하나됨이 파괴되어 버린 상태는 우리 영적인 감각을 무디게 만들었다. 하지만 우리가 더욱 성령의 지배를 받을수록, 우리는 더욱 깊이 이 진리를 실현하고 또 체험하게 될 것이다. 누군가 이런 말을 했다.

"우리는 우리가 가진 영적인 능력만큼 고통을 받기도 하고, 기쁨을 맛보기도 한다."

사도 바울은 인간의 몸을 예로 들어서 그리스도의 몸을 설명했다. 이제 바울은 이러한 진리들을 지역교회에 적용시킨다. 바울은 고린도교회 성도들에게 "너희는 그리스도의 몸이요 지체의 각 부분이라"(27절)고 말했다. 바울은 여기서 정관사를 사용해서 "너희는 그 그리스도의 몸이요"라고 말하지 않았다. 고린도 교회는 "전체 그리스도의 몸"이 아니라, 다만 한 몸을 지역적으로 표현할 뿐이었다. 그런 것이 지역교회의 특권과 책임이다. 그들은 그리스도의 몸이긴 하지만, 독립적인 존재가 아니라, - 만일 독립성만을 부르짖는다면 그것은 한 몸의 진리를 부인하는 것이 되고 만다 - 대표적인 존재인 것이다. 그럴 때에만 한 몸의 진리가 유지된다.

오늘날 우리는 어느 지역의 성도들의 공동체를 가리키며 "너희는 그리스도의 몸이다"라고 말할 수 없다. 왜냐하면 어느 지역공동체도 특정 지역에 사는 모든 성도들을 포함하고 있지 않기 때문이다. 심지어 그런 일이 가능하다 해도, 그 지역에서 그리스도의 몸으로 자칭하는 것은 순전히 억지주장에 불과할 수 있다. 초대 교회시대의 지역교회는 진실로 전체교회를 지역적으로 대표했다. 하지만 오늘날 교회는 황폐화된 상태에 있기에, 스스로를 그리스도의 몸이라고 주장하는 어느 기독교 단체나 공동체도 자신의 고백과는 어울리지 않는 무언가를 표현하고 있는 척 하고 있을 뿐이다. 실상은 모두가 독립적인 교단에 불과하다. 슬픈 일이지만, 다양한 기독교 공동체들은 다만 지역적으로 제각기 자신들의 교단을 형성하고 있을 뿐이다. 이것이 사실이긴 하지만 그럼에도 우리에겐 하나님 앞에서 책임이 있다. 즉 이처럼 위대한 한 몸의 진리를 부인하거나, 또는 이 진리의 빛을 따라 행할 때에만 받을 수 있는 복과 그 특권을 부정하는 단체와는 계속해서 함께 해서는 아니되며, 기꺼이 거절하고 돌아설 수 있어야 한다는 것이다.

The Church in a Day of Ruin

제 10장 폐허 시대의 교회
디모데후서 2장

 앞 장에서 우리는 하나님의 집에 대해서 하나님이 품으셨던 마음이 무엇이었는지를 살펴보았다. 게다가 책임에 있어서 인간의 실패, 잘못된 교리와 악한 사람들이 하나님의 집에 들어올 위험성, 하나님 집의 황폐화 현상의 심화, 그리고 하나님의 집은 최종적으로 심판을 향해 나아가고 있다는 점에 대해서도 살펴보았다.
 디모데전서가 하나님의 마음을 따라서 설계된 하나님의 집을 제시하고 있다면, 디모데후서는 하나님의 집이 인간의 실패로 인해서 황폐화되었을 때, 즉 "금 그릇과 은 그릇뿐 아니라 나무 그릇과 질그릇도 있어 귀하게 쓰는 것도 있고 천하게 쓰는 것도 있는" 큰 집 상태에 빠진 모습을 그려내고 있다는 점을 살펴보았다(딤후 2:20). 성경에 계시된 하나님의 집으로서의 교회 진리를 접해본 신자는 "나는 그처럼 중요한 교회 진리에 부응하고 있는 교회를 본 적이 없다"는 말을 하곤 한다. 이 말이 사실일 수도 있다는 사실이, 참으로 우리 마음을 슬프게 한다! 교회의 황폐화 시대를 사는 오늘날, 하나님 집의 진리는 추상적이고 이론적으로 들릴 수밖에 없을 것이고, 그렇다면 더 이상 확실한 진리는 없는 듯 보일 것이다. 기독교계를 들여다 볼 때, 우리가 실제적으로 볼 수 있는 것은 "귀한 그릇과 천한 그릇"이 혼재되어 있는 큰 집 뿐이다. 이것은 하나님을 향해 오로지 순종의 길을 걷고 싶어 하는 열망을 가진 신자의 마음 속에 여러 가지 질문들을 일으킨다.

즉 이런 황폐화 시대에도 과연 하나님의 말씀은 하나님의 백성들에게 구체적인 지침을 주고 있는가? 기독교계가 부패되었을진대, 과연 어떻게 살아야 하는지 그리고 누구와 함께 이 시대에 동행해야 하는지에 대한 성경의 가르침이 있는가? 등등. 아무리 어려움이 크고 또 아무리 시대가 어두울지라도, 하나님께서 우리가 이 세상을 통과하는 동안 걸어야 할 길을 환히 밝혀줄 빛도 없이 자기 백성들을 그저 내버려두셨다고 생각하는 것이 결코 말이 되지 않는다.

영성의 부족 때문에 우리는 빛을 분별하지 못할 순 있다. 헌신의 부족 때문에 우리는 그 빛을 따라 사는 일에 실패할 수도 있다. 순전히 무관심 때문에 우리는 전적으로 성경의 진리에 대해 무심(無心)할 순 있다. 그럼에도 하나님의 말씀은 우리가 걸어가야 하는 길을 환히 밝히는 완전한 빛을 제공하고 있다는 확신을 잃어버려선 안된다.

우리가 만일 하나님의 마음에 확정된 진리를 따라서 이 세상을 살아가길 바란다면, 우리 영혼이 깨달아야 하는 가장 중요한 것 세 가지가 있다.

첫 번째, 얼마나 자연적 지능이 위대하던지, 얼마나 강도 높은 지성적 훈련을 받았던지, 얼마나 성경의 지식이 많던지, 얼마나 우리의 열망이 순수하던지 관계없이, 만일 우리가 자신을 지나치게 신뢰한다면, 우리는 기독교계의 혼돈 속에서 하나님의 백성을 위해 하나님이 정하신 길을 결코 찾을 수 없다는 사실을 배울 필요가 있다. 사실 우리는, 믿음의 길을 걷는 동안 점증하는 어려움을 돌파하거나, 진리를 지속적으로 적대하는 사람들의 적대감에 직면하거나, 또는 끊임없이 일어나는 다양한 문제들을 해결하는 일에 능숙하지 못할 뿐만 아니라 그럴 능력도 없다.

두 번째, 우리 자신의 전적인 무능력을 발견한 우리로서는, 할 수 있는 최선을 다해 우리 스스로 길을 찾도록 버린바 되지 않았으며,

또한 우리 스스로의 힘으로 하나님의 마음에 합당하게 행할 수 있는 어떤 지혜나 또는 경쟁력을 가질 수 있다고 하나님은 결코 기대하지 않으신다는 사실을 배울 필요가 있고, 그때 우리는 크게 안심하게 된다. 그래서 주님은 "나를 떠나서는 너희가 아무 것도 할 수 없음이라"(요 15:5)고 말씀하셨던 것이다.

세 번째, 하나님이 예비하신 풍성한 대비책을 발견하고, 하나님의 마음을 아는 총명에 이르게 되는 날은 참으로 위대한 날이다. 하나님은 우리에게 자신이 친히 예비하신 대비책을 주셨다.

1) 우리는 하늘에 있는 머리와 연결되어 있고, - 영광 중에 계신 그리스도는 몸인 교회의 머리이시다 - 또 모든 지혜는 머리에 있기에, 우리 자신에겐 지혜가 없지만, 그럼에도 우리는 그리스도 안에서 충만한 지혜를 소유하고 있다. 누군가 이런 말을 했다.

"그리스도는 우리에게 지혜, 곧 우리의 지성이 되셨다. 그리스도만이 도덕적으로 혼돈스러운 이 세상의 혼란함을 극복하도록 우리를 이끄실 수 있다. 그 외엔 방법이 없다."

가장 중요한 것은 우리 자신의 "머리"를 포기하고, 우리를 인도하는데 합당한 "머리"로서 그리스도를 바라보는 것이다. 만일 우리 자신의 머리를 신뢰한다면, 우리는 "머리를 붙들고" 있지 않은 것이다(골 2:19).

2) 성령께서 거룩하신 인격체로서 지상에 계신다. 주님은 자신이 부재한 세상에서 자기 백성들이 스스로를 지키는 것이 어렵다는 사실을 잘 알고 계셨다. 그래서 떠나시기 전 주님은 "내가 아버지께 구하겠으니 그가 또 다른 보혜사를 너희에게 주사 영원토록 너희와 함께 있게 하리니 그는 진리의 영이라"(요 14:16,17)고 말씀하셨다. 진리를 지키고 또 유지하는 일은 성도들에게 맡겨진 것이 아니라, 진리의 영이신 성령님께 맡겨진 일이었다.

3) 우리에겐 "교훈과 책망과 바르게 함과 의로 교육하기에 유익하니 이는 하나님의 사람으로 온전하게 하며 모든 선한 일을 행할 능력을 갖추게" 해주는 하나님의 감동으로 된 성경이 있다(딤후 3:16,17). 우리는 "하나님의 집…이 집은 살아 계신 하나님의 교회요 진리의 기둥과 터"(딤전 3:15)라는 말씀을 읽는다. 하지만 하나님의 집이 폐허상태가 되었을 때, 우리는 더 이상 교회에서 진리가 살아 역사하는 것을 볼 수 없게 되었지만, 그럼에도 여전히 하나님의 사람은 모든 것을 시험하는 기준으로서 성경의 무오한 권위를 가지고 있다. 이는 아무리 기독교계가 황폐화되었다 할지라도, 그리스도나, 성령이나, 성경을 한 순간도 변경할 수 없다는 사실을 명백하게 드러내준다. 그리스도는 하나님의 백성들이 언제라도 꺼내 사용할 수 있는 무한한 지혜의 창고처럼, 하늘에서 머리로서 여전

히 계신다. 게다가 이 사실은 기독교가 시작된 첫날과 마찬가지로 말세를 살아가는 오늘날까지 변함이 없다. 성령님 또한 여전히 변함없는 능력으로 우리를 인도하시고 또 다스리는 일을 하신다. 성경도 절대적인 권위를 가지고 우리 곁을 지키고 있다.

그럼에도 기독교계는 그리스도와 성령과 성경을 제쳐놓고 있다. 인간 최고의 종교시스템은 그리스도의 이름을 표방하고 있긴 하지만, 지상에 있는 인간을 머리로 삼음으로써 하늘에 있는 머리이신 그리스도를 제쳐놓고 있다. 천주교는 교황을, 그리스 정교회는 총대주교를, 프로테스탄트 교회는 국왕, 대주교, 회장, 총회 의장 등을 머리로 삼고 있다. 이러한 거대 종교시스템에 성령의 자리는 거의 없다. 종교적인 장치와 인간의 육신적인 도구들은 성령의 역사를 차단시킨다. 마지막으로 종교성으로 무장한 인간들은 기독교계 내에서 "모든 성경은 하나님의 감동으로 된 것"이라는 진리를 인정하는 교단이 하나도 남지 않을 때까지, 성경에 대해서 치명적인 공격을 가해왔다.

이제라도 그리스도에게 교회의 머리라는 그분의 자리를 돌려드리고, 성령의 주권을 인정하고 또 거기에 순종하고자 하며, 무조건적으로 성경의 권위 앞에 무릎 꿇고자 한다면, 우리는 무엇을 해야 하는가? 성경은 우리가 반드시 두 가지 중요한 원리를 유지하고 또 그에 따라 행동해야 한다고 매우 분명하게 대답한다. 첫째, 하나님의 진리와는 반대되는 모든 것, 즉 교회 진리를 부정하고, 그리스도께서 교회의 머리되심과 성령께서 모든 일에 우리를 인도하신다는 사실과 성경이 우리의 절대적인 권위임을 부인하는 모든 것으로부터 분리해야 한다. 만일 우리가 악으로부터 분리하였다면, 그 다음으로 성경은 똑같이 중요한 원칙을 우리에게 제시한다. 즉 하나님이 정하신 모든 원리와 또 진리와의 연합이다. 다시 말해서, "악한 일을 그치고, 선한 일을 행하기를 배우는 것이다."

그렇게 하려면, 첫 번째로 우리는 성경이 악에서 분리해야 한다고 말하는 것이 무엇인지를 배워야 한다. 모두가 인정할 수밖에 없는 사실이긴 하지만, 하나님의 백성들에게 필수적인 의무로서 이 악한 세상으로부터 분리하라는 명령을 실천하는 일을 우리는 잘 감당하고 있지 못하다. 이제 부패되어 버린 기독교 시대를 살아가는 우리에게는 이제 분리에 대한 삼중적인 특별한 교훈을 가지게 되었다. 첫째, 그리스도와 교회가 한 몸을 이루고 있다는 진리를 부인하는 모든 종교 조직과 그 시스템으로부터의 분리다.

히브리서 13장 13절은 매우 단순하게 "그런즉 우리도 그의 치욕을 짊어지고 영문 밖으로 그에게 나아가자"고 말한다. 여기서 영문(the camp)은 구약시대에 하나님이 세우신 유대 종교시스템으로, 자연인에게 강력한 영향을 주는 유대교 전체를 가리킨다. 유대교에는 새로운 출생을 의미하는 거듭남 여부가 문제가 되지 않는다. 모든 것이 자연적 출생과 유대인의 혈통에 기초하고 있다. 유대교는 외형적으로 하나님과 관계를 형성하고 있는 사람들로 구성되어 있으며, 사람들과 하나님 사이엔 땅의 질서에 속한 제사장들이 있다. 세상에 속한 성소가 있고 또 질서정연한 예식이 있다(히 9:1-10). 기독교계의 종교 시스템은 유대교를 모방한 시스템이다. 기독교계에는 회심하지 않은 많은 사람들을 포함하고 있으며, 기독교라는 종교는 (거듭난 일이 없는) 자연인에게 엄청난 영향력을 발휘한다. 기독교도 세상에 속한 성소를 가지고 있고, 예식도 있고, 기독교계의 사람들과 하나님 사이에 인간이 안수해서 세운 성직자들이 있다. 하지만 유대교를 모방하고 있는 기독교계 사람들은, 우리가 살펴본 대로, 머리로서 그리스도를, 안내자로서 성령을, 권위로서 성경을 제쳐놓고 있다. 이제라도 만일 우리가 그리스도에게 그분의 자리를 돌려드리고자 한다면, 우리는 반드시 말씀에 순종하면서 그리스도의 "치욕을 짊어지고 영문 밖으로 그에게 나아가야" 한다.

두 번째로, 이렇게 종교 시스템에 속한 여러 가지 것들로 무장되어 있는 기독교계로부터 분리하는 것만으로는 충분하지 않다. 성경은 명백하게 악한 교리로부터 분리를 명하고 있다. 디모데후서 2장 19절에서, 우리는 "주의 이름을 부르는 자마다 불의에서 떠날지어다"라는 명령을 볼 수 있다. 주의 이름을 고백하는 모든 사람은, 자신의 신앙고백에 의해서 주님과 연합을 이루고 있다고 주장하는 사람이기에, 불의에서 떠날 책임이 있다. 불의(iniquity)에는 여러 종류가 있지만, 앞선 구절들을 통해서 볼 때, 이것은 비성경적인 교리들을 가리킨다. 우리는 불의와 주의 이름을 연관 짓는 일을 허용해선 안된다. 불의에서 떠나는 일은 이 세상에서 많은 비용을 지불해야 하는 일이긴 하지만, 주의 이름과 불의를 연결시킨 일은 영원한 세상에서 더 많은 비용을 지불해야 하는 일이 될 것이다.

세 번째로, 성경은 악한 사람들에게서 분리할 것을 요구한다. 20절은 귀한 그릇과 천한 그릇을 언급하고 있고, 그 다음 21절에서는 우리 자신을 거룩하게 하고 또 주인의 쓰심에 합당하게 되려면 우리 자신을 천한 그릇에서 깨끗하게 하라는 명령을 받고 있다. 이 구절은 비성경적인 교리에 대한 것이 아니라, 비성경적인 교리를 가진 사람들에 대한 것이다. 누군가 이렇게 설명을 했다.

"단지 그들의 교리만이 아니라, 이러한 사람들 자체로부터 분리하는 일에 비례해서, 당신은 거룩하게 되고 또 주인의 쓰심에 합당하게 된다. … 사람이 거룩하지 못한 공동체 때문에 얼마나 고통을 당하는지 아는 사람은 많지 않다. 그들의 교리에 동조하지 않는 것만으론 충분하지 않다. 사실 그들의 공동체는 오염되었다. 당신은 성경적으로 지극히 수준 낮은 사람들의 공동체에 의해서 물들었다. 그런데도 당신은 그런 곳에 머물고 싶어 한다. 오염된 기독교계 내에서 말씀에 순종하고자 애쓰는 모든 노력은 결국 이 성경 말씀의 힘을 약화시킬 뿐이다. 모든 사람은 분리를 이룬 만큼 위대해진다."

성경이, 진리를 부정하는 모든 기독교 단체와 진리를 약화시키는 거짓된 교리들과 진리에 순종하지 않는 천한 그릇에 불과한 사람들로부터 분리할 것을 명하고 있다는 것은 분명하다.

하지만 이렇게 하는 것만으로는 충분하지 않다. 분리는 필요한 일이긴 하지만, 소극적인 대처일 뿐이다. 적극적인 대처가 필요하다. 이런 필요를 느꼈다면, 우리에겐 두 번째 위대한 원칙, 즉 선한 일에 연합하는 일이 필요하다. 분리가 악한 교리들과 악한 사람들과 연관된 것이라면, 연합은 옳고 또 선한 것들과 주님과 바른 관계에 있는 사람들과 연관된 것이다. 우리는 "주를 깨끗한 마음으로 부르는 자들과 함께 의와 믿음과 사랑과 화평을" 좇아야 한다(딤후 2:22).

의(義)가 우선적으로 요구되었다. 아무리 입술의 신앙고백이 옳을지라도, 삶 속에 실제적인 의를 행하는 것이 없다면, 당연히 하나님을 좇아 행하는 일이 있을 수가 없다. 그렇지만 의만으로 충분한 것은 아니다. 단지 옳고 그름만으로 그리스도인의 길을 결정하는 것은 충분하지 않다. 그리스도인은 반드시 옳은 일을 행해야 할 뿐만 아니라, 주님이 요구하시는 믿음의 길을 걸어야 한다. 그러므로 의와 함께 "믿음"이 있어야 한다. 의와 믿음은 "사랑"을 위한 길을 만든다. 만일 사랑이 의와 믿음에 의해서 인도를 받고 있지 않다면 그저 인간적인 애정 정도로 전락하게 될 것이며, 사랑을 온갖 방탕과 방종에 대한 핑계로 삼을 것이며, 또 사랑이란 이름으로 악을 묵인하는 일이 누룩처럼 번질 것이다. 이제 이 세 가지 자질은 "화평"으로 이끈다.

이 화평은 저차원적인 화평이 아니다. 그런 화평은 악, 불신, 그리고 미움이 바탕에 깔린 타협에 지나지 않다. 고차원적인 화평은 의, 믿음, 그리고 사랑의 산물이다. 만일 우리가 이처럼 아름다운 자질들을 추구한다면, 우리는 이와 동일한 일을 행하고 있는 사람들, 즉 주를 깨끗한 마음으로 부르는 사람들을 만나게 될 것이며, 그런 사람들과 연합을 이루게 될 것이다. 그들이 주를 깨끗한 마음으로 부른다는 사실은 그들이 실제로 "불의에서 떠나고", "천히 쓰는 그릇에서 자신을 깨끗하게 하고", "의와 믿음과 사랑과 화평을 좇는" 것을 통해서 뿐만 아니라 그들의 실제적인 삶을 통해서도 확인할 수 있다. 그러므로 분리의 길은 결코 외톨이의 길이 아니다. 성경은 우리가 연합을 이룰 수 있는 사람들이 항상 있음을 보여준다.

어쨌든 기독교계의 부패 가운데서도 악으로부터 분리하고 또 선한 일에 연합하는 길을 택한 사람들은 "어리석고 무식한 변론을"

일삼는 사람들과의 다툼을 피할 것이다. 그런 사람들을 상대하려면, "온유", "인내", "온화"의 정신을 계발할 필요가 있다. 이러한 성품으로 옷 입을 때에만, 다투지 않고 가르치는 일을 잘 할 수 있다 (딤후 2:23-26).

오늘날 교회 폐허 시대에 하나님의 백성들을 위한 그처럼 명확한 지침을 주고 있는 성경은 결코, 우리가 하나님의 집 밖으로 나가야 한다고 말하고 있지 않다는 점을 주목할 필요가 있다. 그렇게 하는 것은, 사실상 온 세상을 포함하고 있는 기독교 세계를 완전히 벗어나지 않는 한 불가능한 일이다. 우리가 하나님의 집 밖으로 나갈 수 없다 해도, 집 안에 있는 악으로부터 분리해야 할 책임은 여전히 있다. 또 다시 말하지만, 우리는 또 다른 집을 재건하도록 부르심을 받지 않았다. 우리는 하나님의 집을 다시 지으라는 부르심을 받지 않았다. 우리는 교회의 원형을 회복하거나 또는 새로운 교회를 시작하도록 부르심을 받은 적이 없다. 우리는 처음부터 있었던 것과 책임에 있어서 인간의 실패에도 불구하고 하나님의 눈에 여전히 존재하고 있는 '에클레시아'에 대한 말씀의 빛 가운데 단순하게 행해야 한다. 다시 말해서 에클레시아의 비밀을 따라서, 즉 그리스도를 머리로 인정하고, 성령의 지배와 인도를 받으며, 성경의 가르침을 따라서 행하는 것이야말로 여전히 우리의 특권이요 우리의 책임인 것이다.

형제들의 집 도서 안내

1. 조지 뮐러 영성의 비밀
   조지 뮐러 지음/이종수 옮김/값 1,000원
2. 수백만을 감동시킨 사람을 감동시킨 바로 그 사람: 헨리 무어하우스
   존 A. 비올리 지음/이종수 옮김/값 1,000원
3. 내 영혼의 만족의 노래
   W.T.P 월스톤 지음/이종수 옮김/값 1,000원
4. 모든 일을 하나님의 영광을 위하여 하라
   해리 아이언사이드 지음/이종수 옮김/값 1,000원
5. 잃어버린 영혼을 위해서 어떻게 기도해야 하는가
   오스왈드 샌더스, 찰스 스펄전 지음/이종수 옮김/값 1,000원
6. 윌리암 켈리의 칭의의 은혜(개정판)
   윌리암 켈리 지음/이종수 옮김/값 6,000원
7. 이것이 거듭남이다(개정판)
   알프레드 깁스 지음/이종수 옮김/값 9,000원
8. 존 넬슨 다비의 영성있는 복음
   존 넬슨 다비 지음/이종수 옮김/값 5,000원
9. 로버트 클리버 채프만의 사랑의 영성
   로버트 C. 채프만 지음/이종수 옮김/값 5,000원
10. 영성을 깊게 하는 레위기 묵상
    C.H. 매킨토시 외 지음/이종수 옮김/값 5,000원
11. 존 넬슨 다비의 성경주석: 빌립보서
    존 넬슨 다비 지음/이종수 옮김/값 5,000원
12. 존 넬슨 다비의 히브리서 묵상(개정판)
    존 넬슨 다비 지음/정병은 옮김/값 11,000원
13. 조지 커팅의 영적 자유
    조지 커팅 지음/이종수 옮김/값 4,000원
14. 윌리암 켈리의 해방의 체험
    윌리암 켈리 지음/이종수 옮김/값 3,000원
15. 존 넬슨 다비의 성경주석: 골로새서(개정판)
    존 넬슨 다비 지음/이종수 옮김/값 8,000원
16. 구원 얻는 기도
    이종수 지음/값 5,000원
17. 영혼의 성화
    프랭크 빈포드 호올 지음/이종수 옮김/값 1,000원
18. 당신은 진짜 거듭났는가?
    아더 핑크 지음/박선희 옮김/값 4,500원
19. C.H. 매킨토시의 완전한 구원(개정판)
    C.H. 매킨토시 지음/이종수 옮김/값 5,500원
20. 존 넬슨 다비의 하나님의 뜻을 분별하는 법
    존 넬슨 다비 지음/이종수 옮김/값 1,000원
21. 존 넬슨 다비의 성경주석: 요한계시록
    존 넬슨 다비 지음/이종수 옮김/값 10,000원
22. 주 안에 거하라
    해밀턴 스미스, 허드슨 테일러 지음/이종수 옮김/값 1,000원

23. C.H. 매킨토시의 하나님의 선물
C.H. 매킨토시 지음/이종수 옮김/값 4,000원
24. 존 넬슨 다비의 성경주석: 에베소서
존 넬슨 다비 지음/이종수 옮김/값 8,000원
25. 존 넬슨 다비의 영적 해방
존 넬슨 다비 지음/문영권 옮김/값 7,000원
26. 건강하고 행복한 그리스도인이 되는 법
어거스트 반 린, J. 드와이트 펜테코스트 지음/값 1,000원
27. 존 넬슨 다비의 성경주석: 로마서
존 넬슨 다비 지음/문영권 옮김/값 12,000원
28. 존 넬슨 다비의 성화의 길
존 넬슨 다비 지음/이종수 옮김/값 4,500원
29. 기독교 신앙에 회의적인 사랑하는 나의 친구에게
로버트 A. 래이드로 지음/박선희 옮김/값 5,000원
30. 이수원 선교사 이야기
더글라스 나이스웬더 지음/이종수 옮김/값 5,000원
31. 체험을 위한 성령의 내주, 그리고 충만
조지 커팅 지음/이종수 옮김/값 4,500원
32. 존 넬슨 다비의 성경주석: 갈라디아서
존 넬슨 다비 지음/이종수 옮김/값 4,800원
33. 존 넬슨 다비의 성경주석: 요한서신서 · 유다서
존 넬슨 다비 지음/문영권 옮김/값 8,000원
34. 존 넬슨 다비의 성경주석: 데살로니가전 · 후서
존 넬슨 다비 지음/이종수 옮김/값 8,000원
35. 그리스도와의 연합과 구원(성경공부교재)
문영권 지음/값 2,500원
36. 그리스도와의 연합과 성화(성경공부교재)
문영권 지음/값 3,000원
37. 사도라 불린 영적 거장들
이종수 지음/값 7,000원
38. 당신은 진짜 하나님을 신뢰하는가(개정판)
조지 뮬러 지음/이종수 옮김/값 5,500원
39. 그리스도와 연합된 천상적 교회가 가진 영광스러운 교회의 소망
존 넬슨 다비 지음/ 문영권 옮김/ 값 13,000원
40. 가나안 영적 전쟁과 하나님의 전신갑주
존 넬슨 다비 지음/ 이종수 옮김/ 값 2,000원
41. 죄 사함, 칭의 그리고 성화의 진리
고든 헨리 해이호우 지음/ 이종수 옮김/ 값 2,000원
42. 하나님을 찾는 지성인, 이것이 궁금하다!
김종만 지음/ 값 10,000원
43. 이것이 그리스도의 심판대이다
이종수 엮음/ 값 8,000원
44. 존 넬슨 다비의 성경주석: 마태복음
존 넬슨 다비 지음/이종수 옮김/값 16,000원
45. C.H. 매킨토시의 하나님에 관한 진실
C.H. 매킨토시 지음/이종수 옮김/값 1,000원

46. 존 넬슨 다비의 성경주석: 여호수아
   존 넬슨 다비 지음/문영권 옮김/값 8,000원
47. 찰스 스탠리의 당신의 남편은 누구인가
   찰스 스탠리 지음/이종수 옮김/값 4,000원
48. 존 넬슨 다비의 성령론
   존 넬슨 다비 지음/이종수 옮김/값 13,000원
49. 존 넬슨 다비의 영적 해방의 실제
   존 넬슨 다비 지음/이종수 옮김/값 5,000원
50. 존 넬슨 다비의 주요사상연구: 다비와 친구되기
   문영권 지음/값 5,000원
51. 존 넬슨 다비의 죽음 이후 영혼의 상태
   존 넬슨 다비 지음/이종수 옮김/값 5,000원
52. 신학자 존 넬슨 다비 평전
   이종수 지음/값 7,000원
53. 존 넬슨 다비의 요한복음 묵상
   존 넬슨 다비 지음/이종수 옮김/값 8,000원
54. 프레드릭 W. 그랜트의 영적 해방이란 무엇인가
   프레드릭 W. 그랜트 지음/이종수 옮김/값 4,500원
55. 홍해와 요단강을 통해서 나타난 하나님의 구원
   윌리암 켈리 지음/이종수 옮김/값 4,800원
56. 그리스도와의 연합을 위한 성령의 역사
   윌리암 켈리 지음/이종수 옮김/값 19,000원
57. 누가, 그리스도인인가?
   시드니 롱 제이콥 지음/박영민 옮김/값 7,000원
58. 선교사가 결코 쓰지 않은 편지
   프레드릭 L. 코신 지음/이종수 옮김/값 9,000원
59. 사랑의 영성으로 성자의 삶을 살다간 로버트 채프만
   프랭크 홈즈 지음/이종수 옮김/값 8,500원
60. 므비보셋, 룻, 그리고 욥 이야기
   찰스 스탠리 지음/이종수 옮김/값 7,500원
61. 구원의 근본 진리
   에드워드 데넷 지음/이종수 옮김/값 6,500원
62. 회복된 진리, 6+1
   에드워드 데넷 지음/이종수 옮김/값 6,000원
63. 당신의 상상보다 더 큰 구원
   프랭크 빈포드 호올 지음/이종수 옮김/값 6,500원
64. 뿌리 깊은 영성의 그리스도인으로 사는 법
   찰스 앤드류 코우츠 지음/이종수 옮김/값 9,000원
65. 천국의 비밀 : 천국, 하나님 나라, 그리고 교회의 차이
   프레드릭 W. 그랜트 & 아달펠트 P. 세실 지음/이종수 옮김/값 7,000원
66. 존 넬슨 다비의 성경주석: 베드로전·후서
   존 넬슨 다비 지음/장세학 옮김/값 7,500원
67. 존 넬슨 다비의 영광스러운 구원
   존 넬슨 다비 지음/이종수 엮음/값 15,000원
68. 어린양의 신부
   W.T.P. 월스톤 & 해밀턴 스미스 지음/박선희 옮김/값 10,000원

69. 성경에서 말하는 회심   C.H. 매킨토시 지음/ 이종수 옮김/ 값 6,000원

70. 십자가에서 천년통치에 이르는 그리스도의 길   존 R. 칼드웰 지음/ 이종수 옮김/ 값 7,500원

71. 그리스도와의 연합이란 무엇인가?   에드워드 데넷 지음/ 이종수 옮김/ 값 9,000원

72. 하늘의 부르심 vs. 교회의 부르심   존 기포드 벨렛 지음/ 이종수 옮김/ 값 16,000원

73. 당신은 진짜 새로운 피조물인가   존 넬슨 다비 외 지음/ 이종수 옮김/ 값 12,000원

74. 플리머스 형제단 이야기   앤드류 밀러 지음/ 이종수 옮김/ 값 14,000원

75. 바울의 복음, 그리스도의 영광의 복음   존 기포드 벨렛 지음/ 이종수 옮김/ 값 9,000원

76. 악과 고통, 그리고 시련의 문제   이종수 지음/ 값 9,000원

77. 요한계시록 일곱 교회를 향한 예언 메시지   존 넬슨 다비 지음/이종수 옮김/ 값 18,000원

78. 영광스러운 구원, 어떻게 받는가   존 넬슨 다비 지음/이종수 엮음/ 값 13,000원

79. 영광스러운 교회의 길   존 넬슨 다비 지음/이종수 엮음/ 값 22,000원

80. 성경을 아는 지식   존 넬슨 다비 지음/이종수 엮음/ 값 18,500원

81. 십자가의 도   존 넬슨 다비 지음/이종수 엮음/ 값 13,500원

82. 존 넬슨 다비의 성경주석: 고린도전후서   존 넬슨 다비 지음/이종수 옮김/값 18,500원

83. 존 넬슨 다비의 성경주석: 사도행전   존 넬슨 다비 지음/이종수 옮김/값 17,000원

84. 그리스도와의 연합을 위한 사도 바울의 기도   존 넬슨 다비 지음/이종수 엮음/값 10,000원

85. 빌라델비아 교회의 길   해밀턴 스미스 지음/이종수 옮김/값 10,000원

86. 무명한 자 같으나 유명한 존 넬슨 다비 전기   윌리암 터너, 에드윈 크로스 지음/이종수 옮김/값 12,000원

87. 성경의 핵심용어 해설   데이빗 구딩, 존 레녹스 지음/허성훈 옮김/값 9,000원

88. 존 넬슨 다비의 성경주석: 히브리서, 야고보서   존 넬슨 다비 지음/이종수 옮김/값 17,500원

89. 존 넬슨 다비의 성경주석: 요한복음   존 넬슨 다비 지음/이종수 옮김/값 17,000원

90. 신부의 노래   해밀턴 스미스 지음/이종수 옮김/값 10,000원

91. 에클레시아의 비밀   해밀턴 스미스 지음/이종수 옮김/값 10,000원

"Perspectives on the True Church"
by Hamilton Smith
Copyright©Les Hodgett, Stem Publishing
7 Primrose Way, Cliffsend, Ramsgate, Kent, U.K.

Korean translation copyright
ⓒ 2018 by Brethren House, Korea
All rights reserved

에클레시아의 비밀
ⓒ형제들의 집 2018

초판 발행 • 2018.4.23
지은이 • 해밀턴 스미스
옮긴이 • 이 종 수
발행처 • 형제들의집
인쇄소 • (주)이모션티피에스 / TEL : (02) 2263-6414/ www.emotiontps.com
판권ⓒ형제들의집 2018
등록 제 7-313호(2006.2.6)
Cell. 010-9317-9103
홈페이지 http://brethrenhouse.co.kr
카페 cafe.daum.net/BrethrenHouse
ISBN 978-89-93141-97-9 03230

＊값은 뒤표지에 있습니다.
＊잘못된 책은 바꿔드립니다.
＊서점공급처는 〈생명의말씀사〉 입니다. 전화 (02) 3159-7979(영업부)